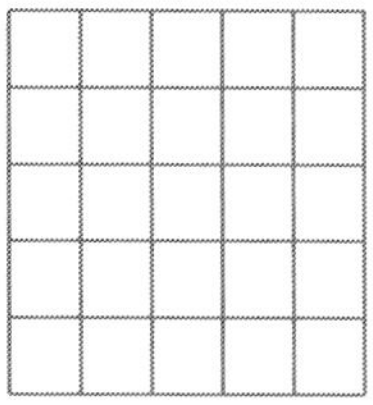
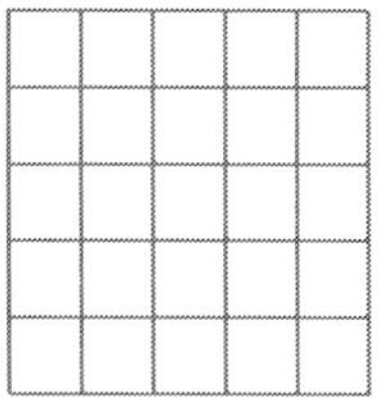
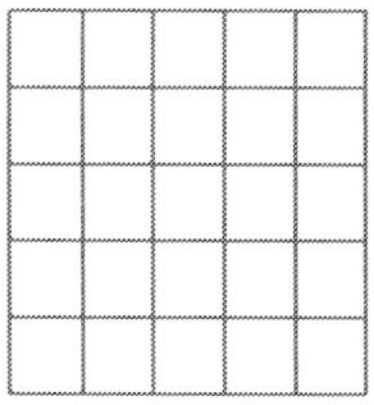
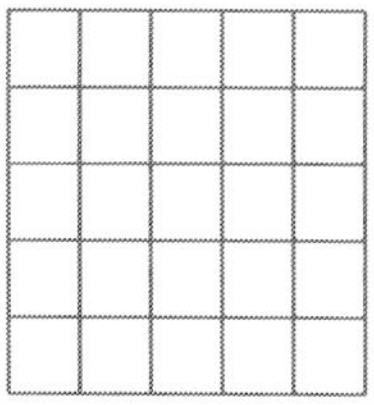
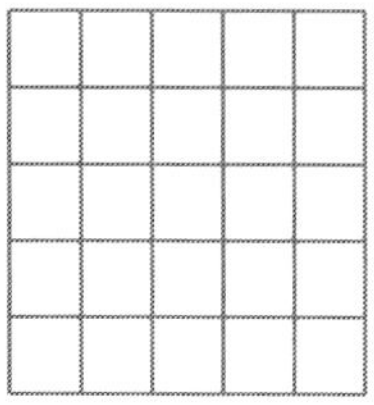
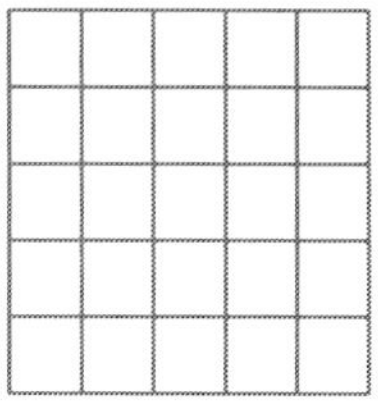
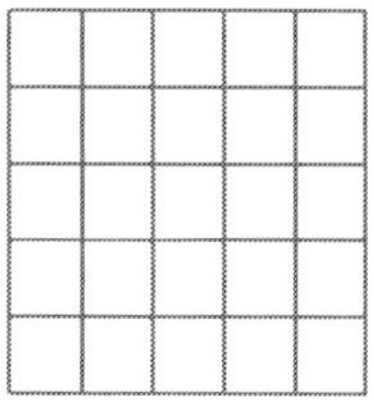
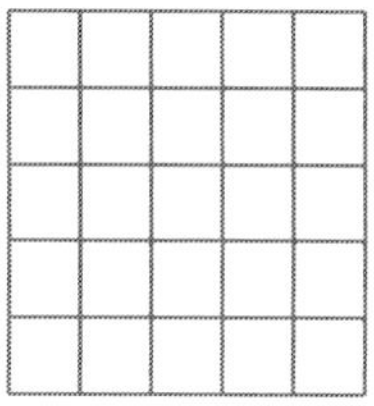
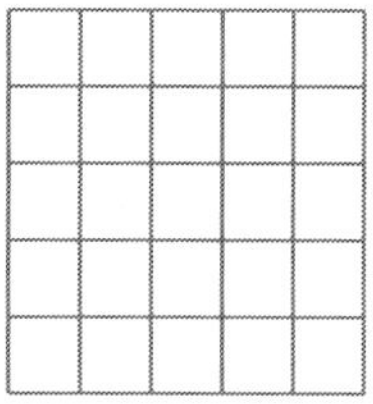
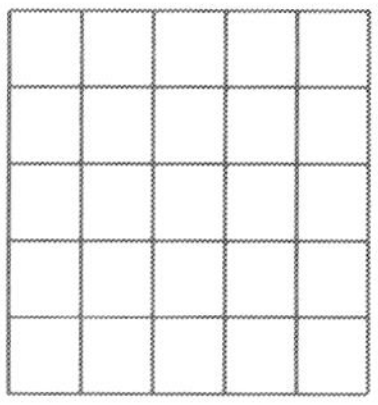
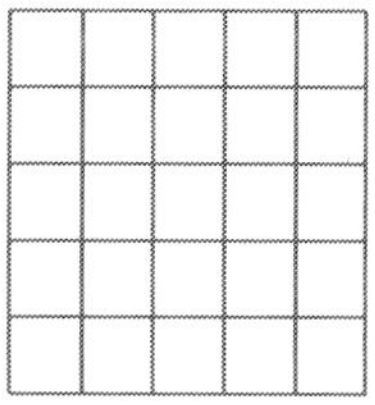
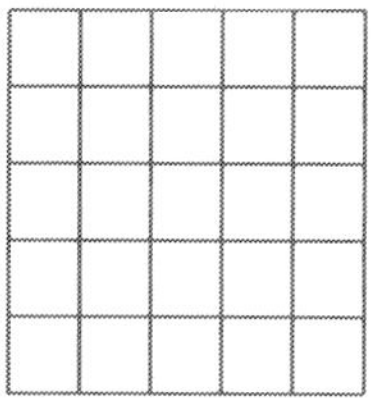
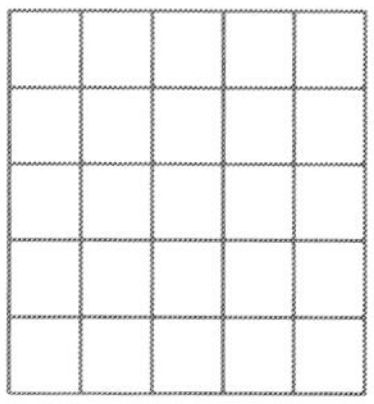
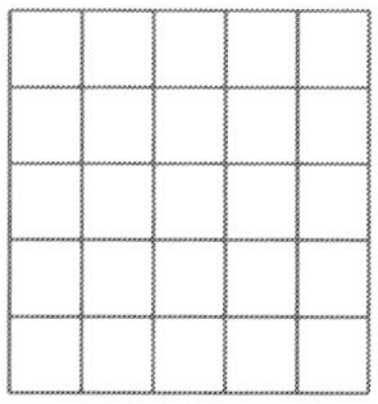
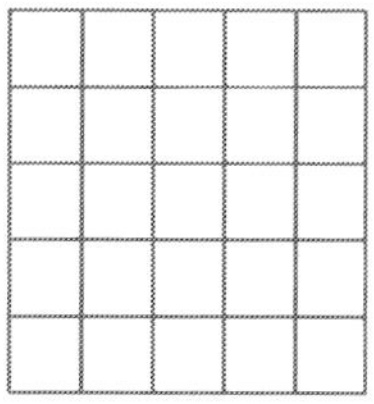
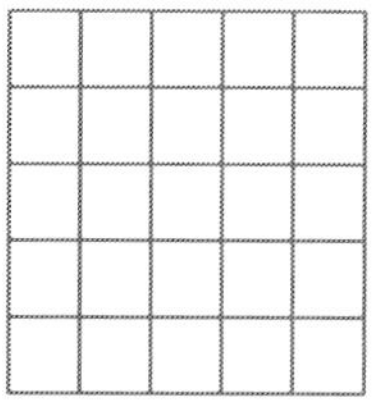
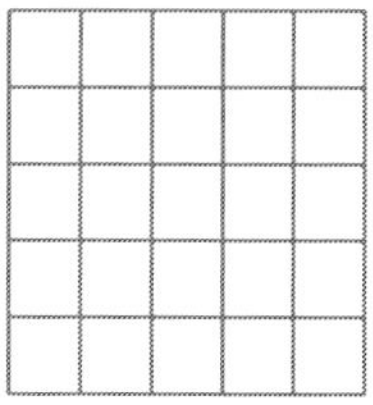
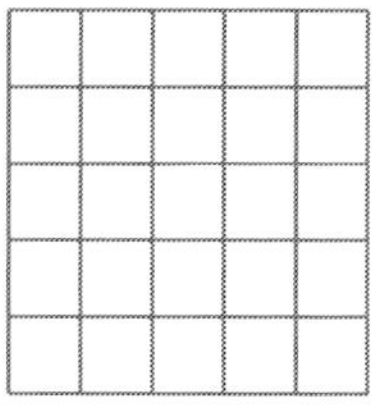
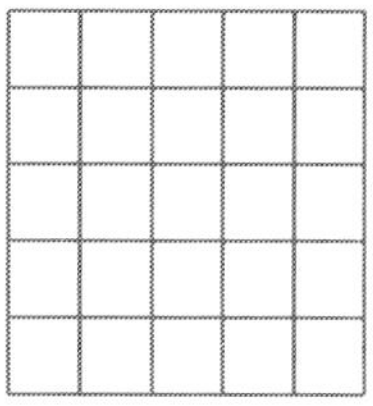
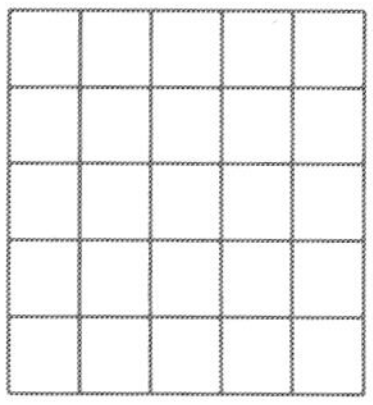

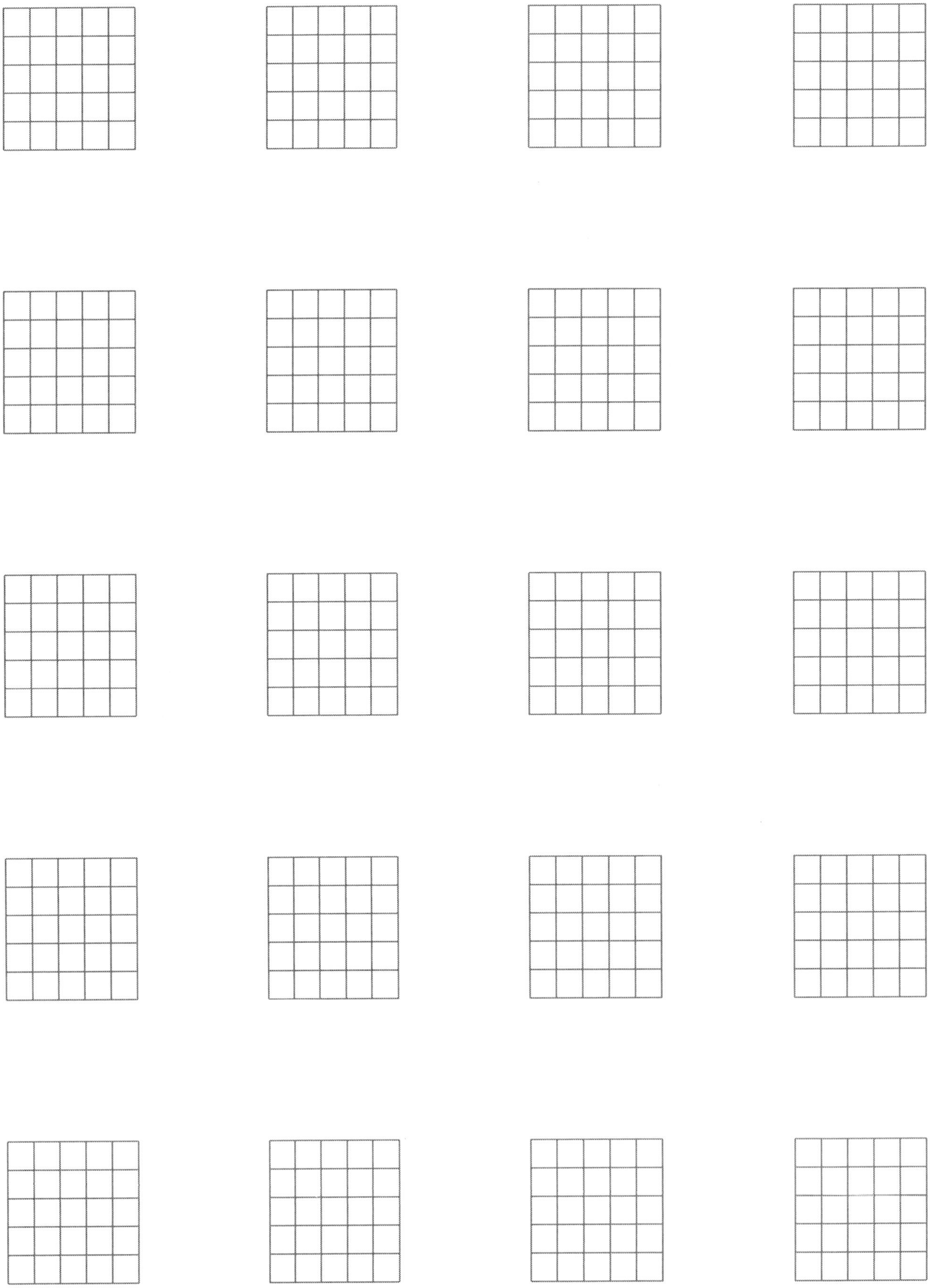

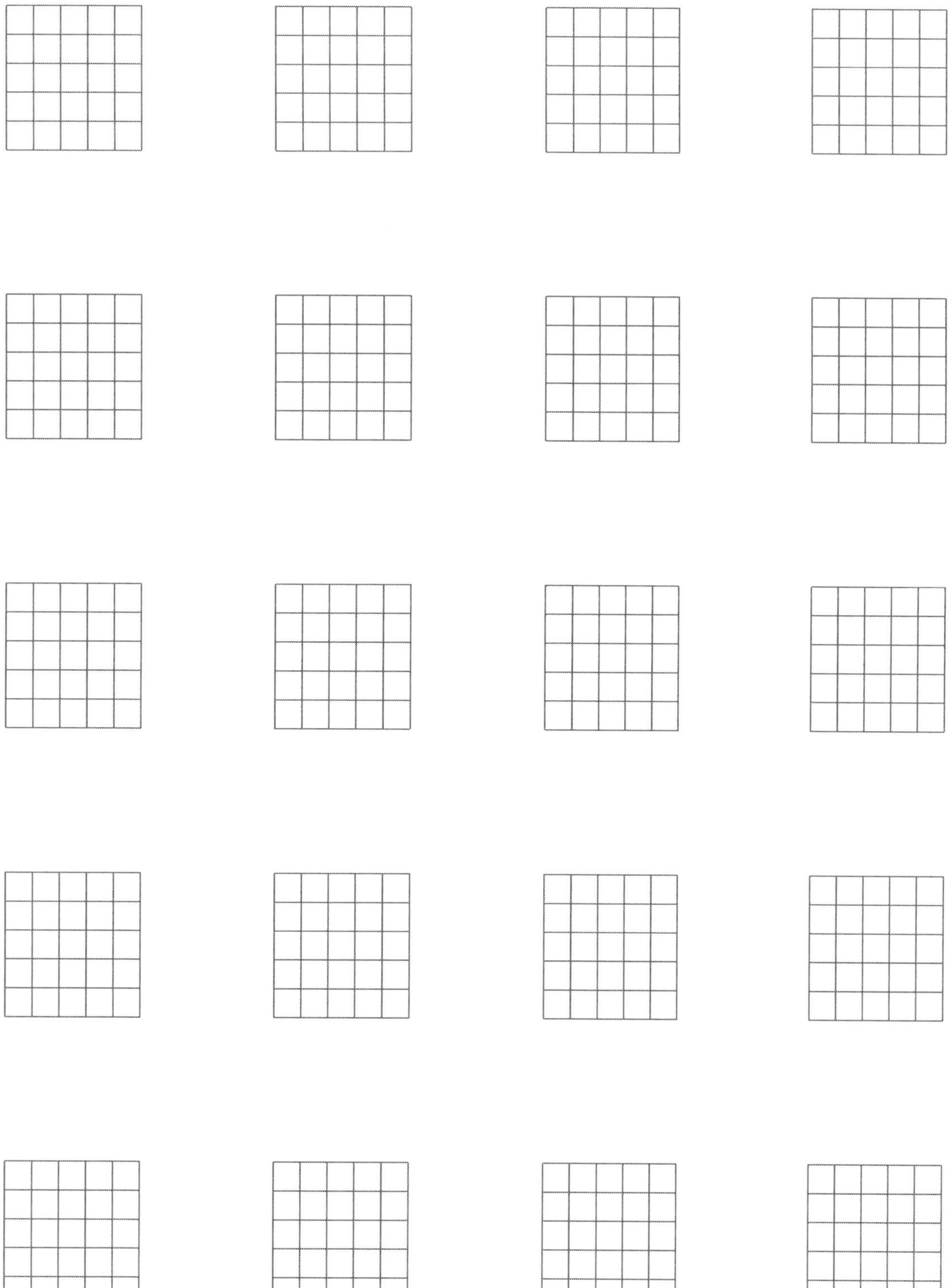

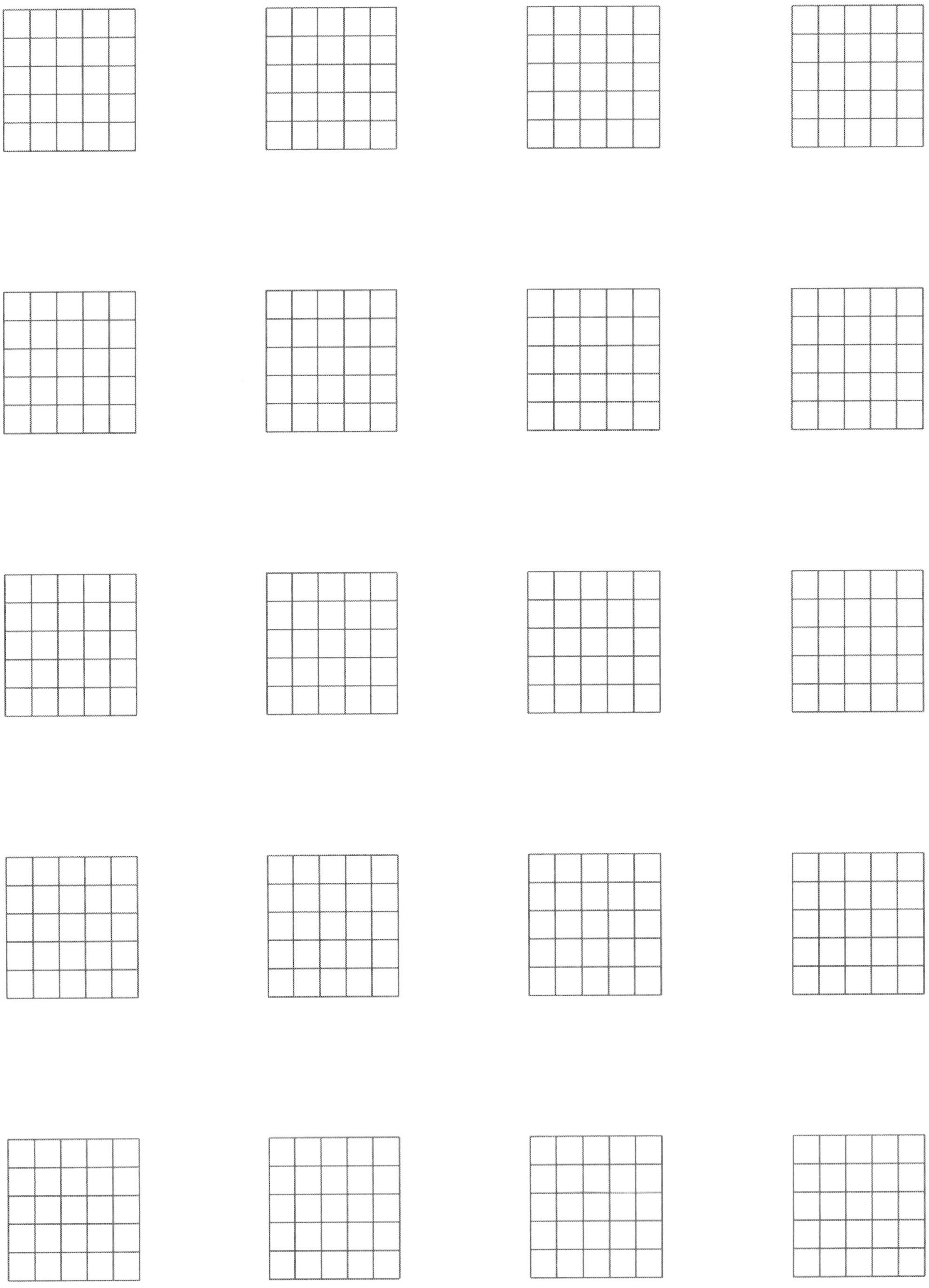

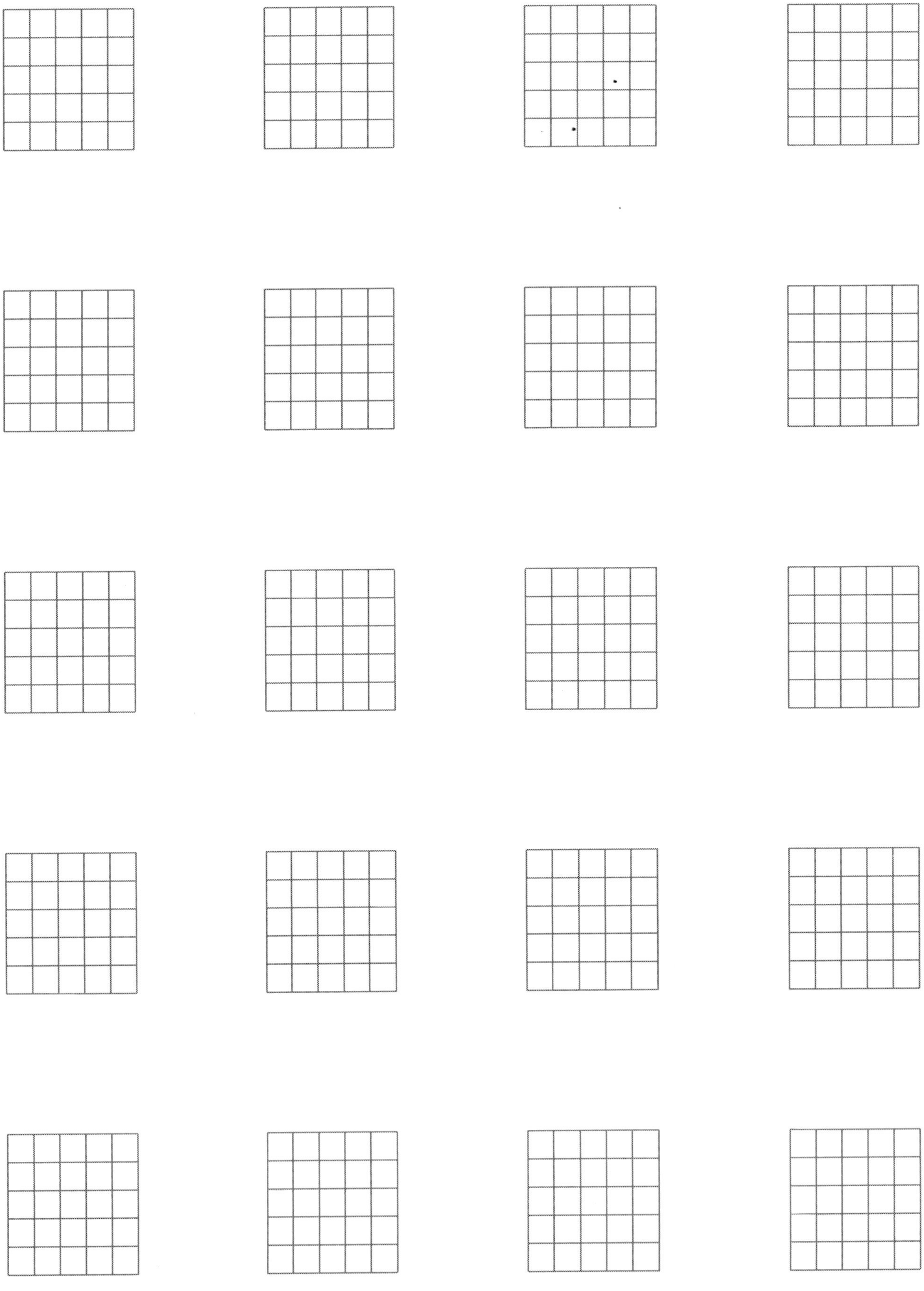

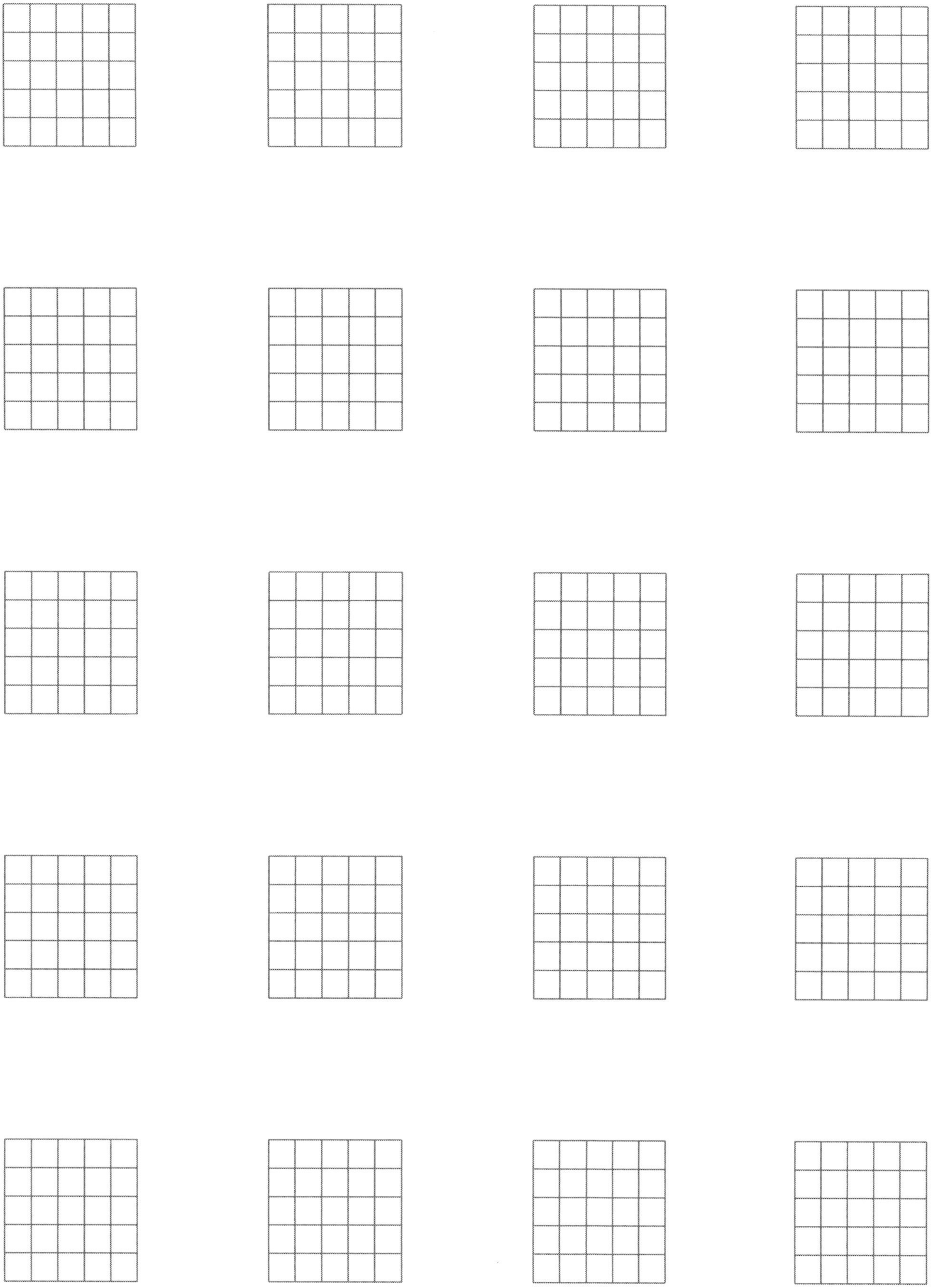

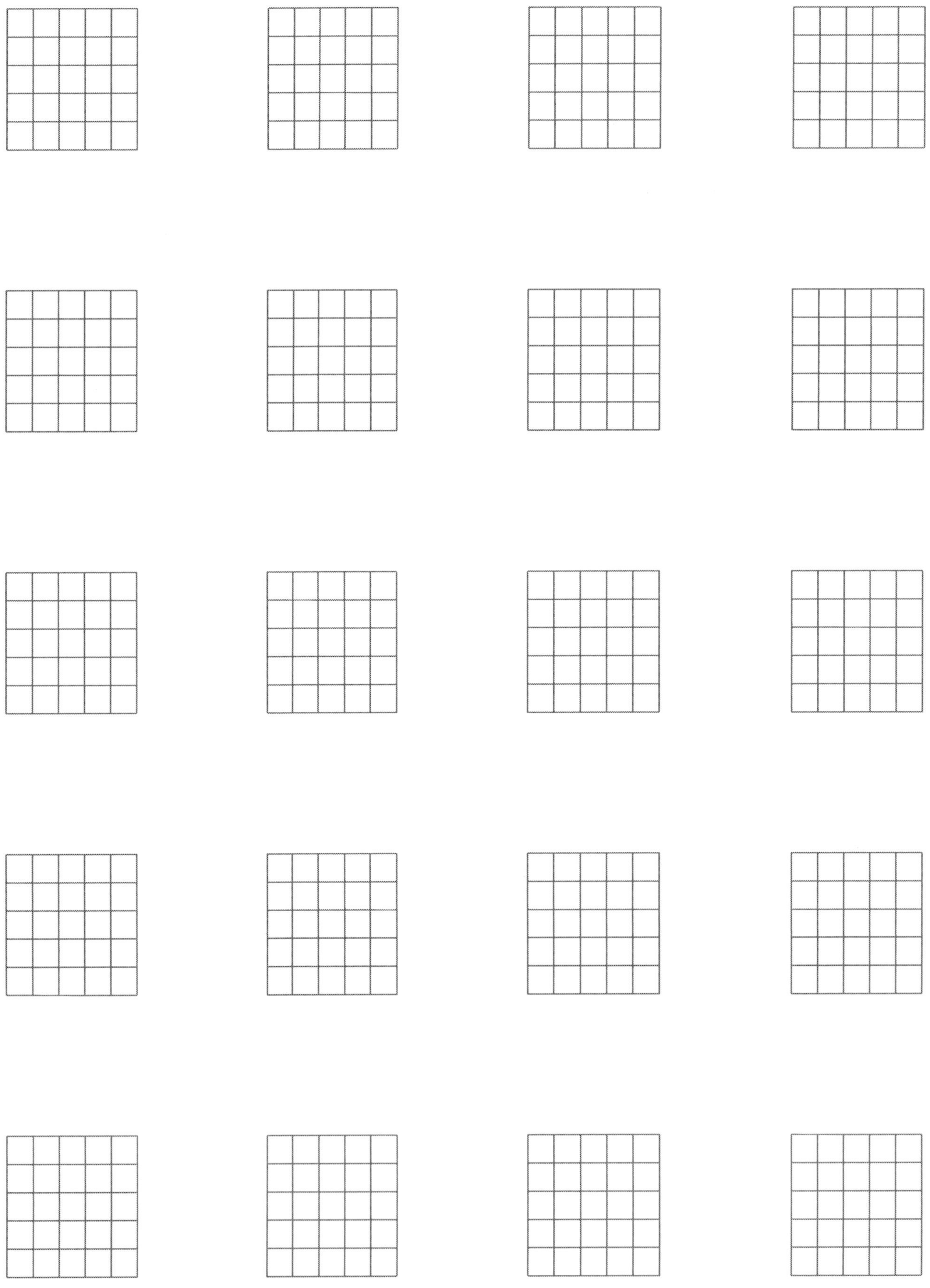

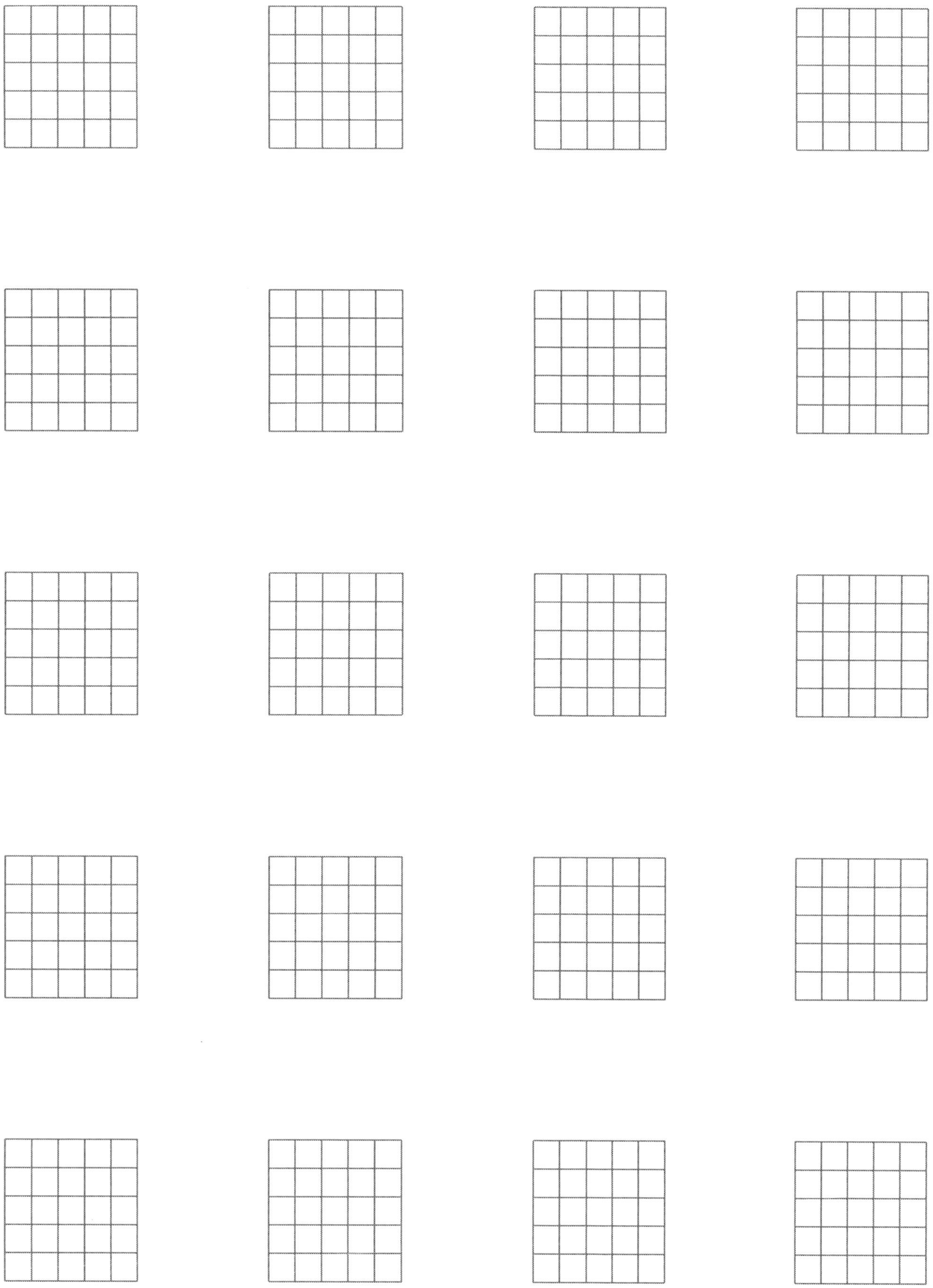

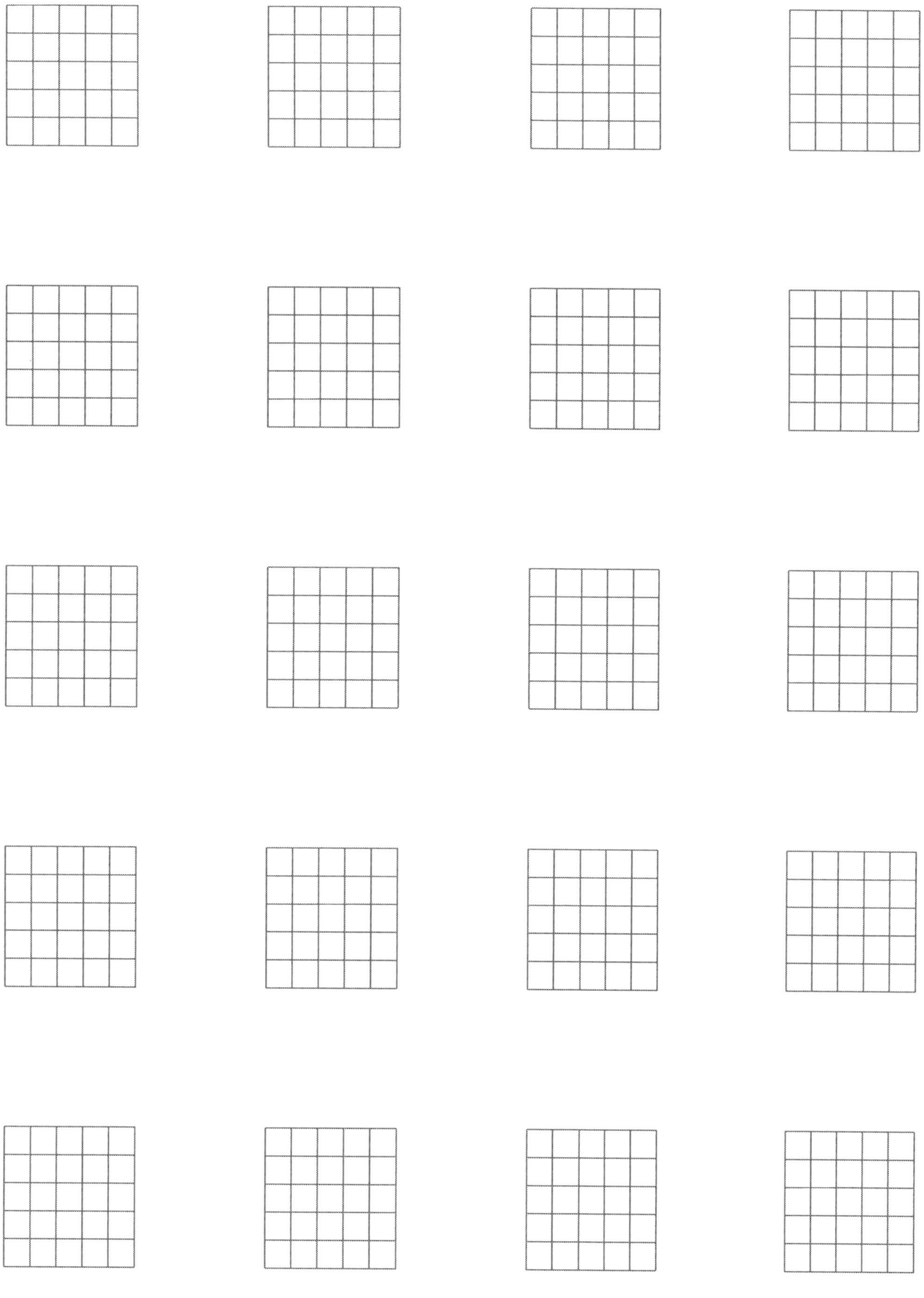

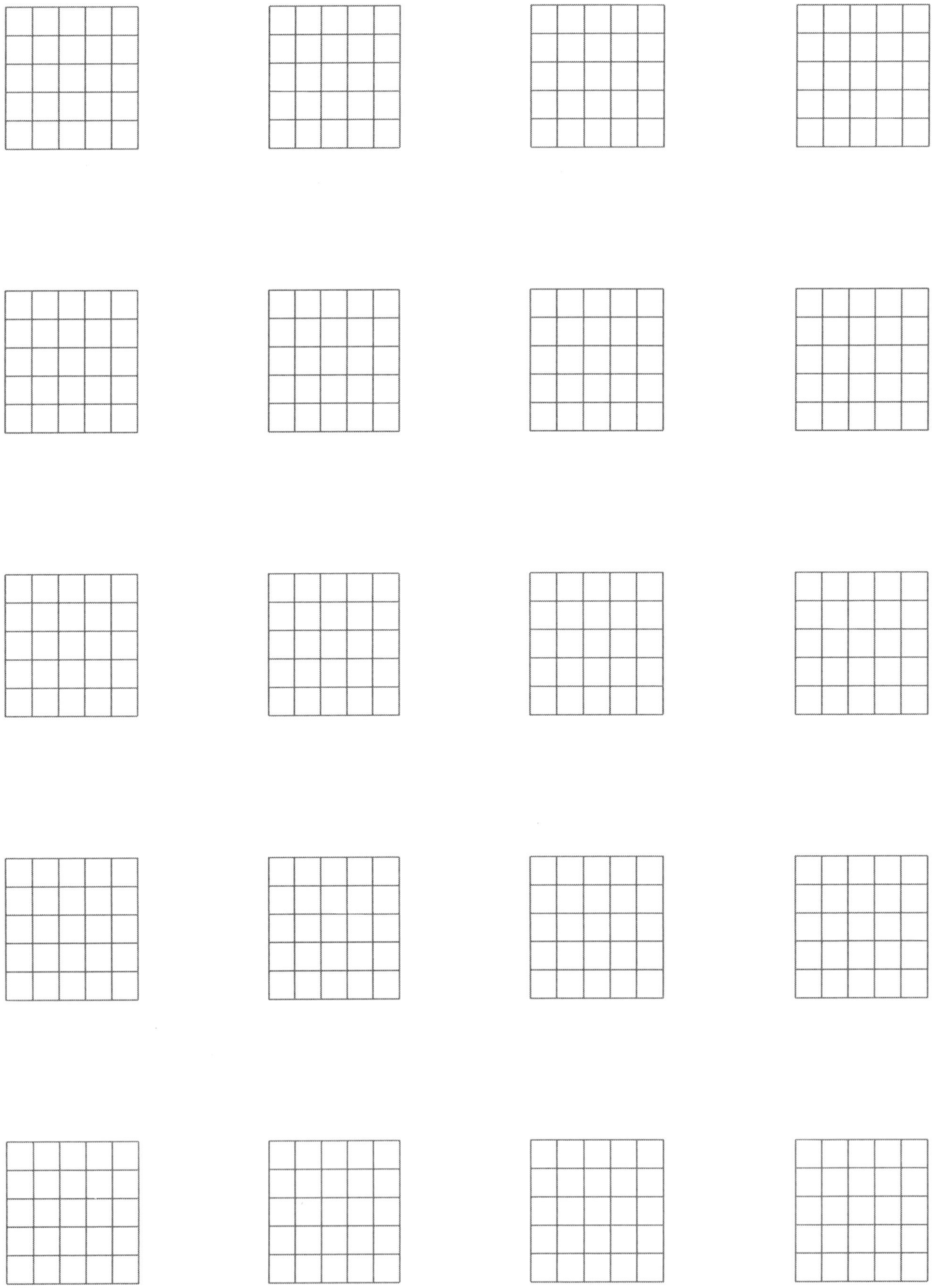

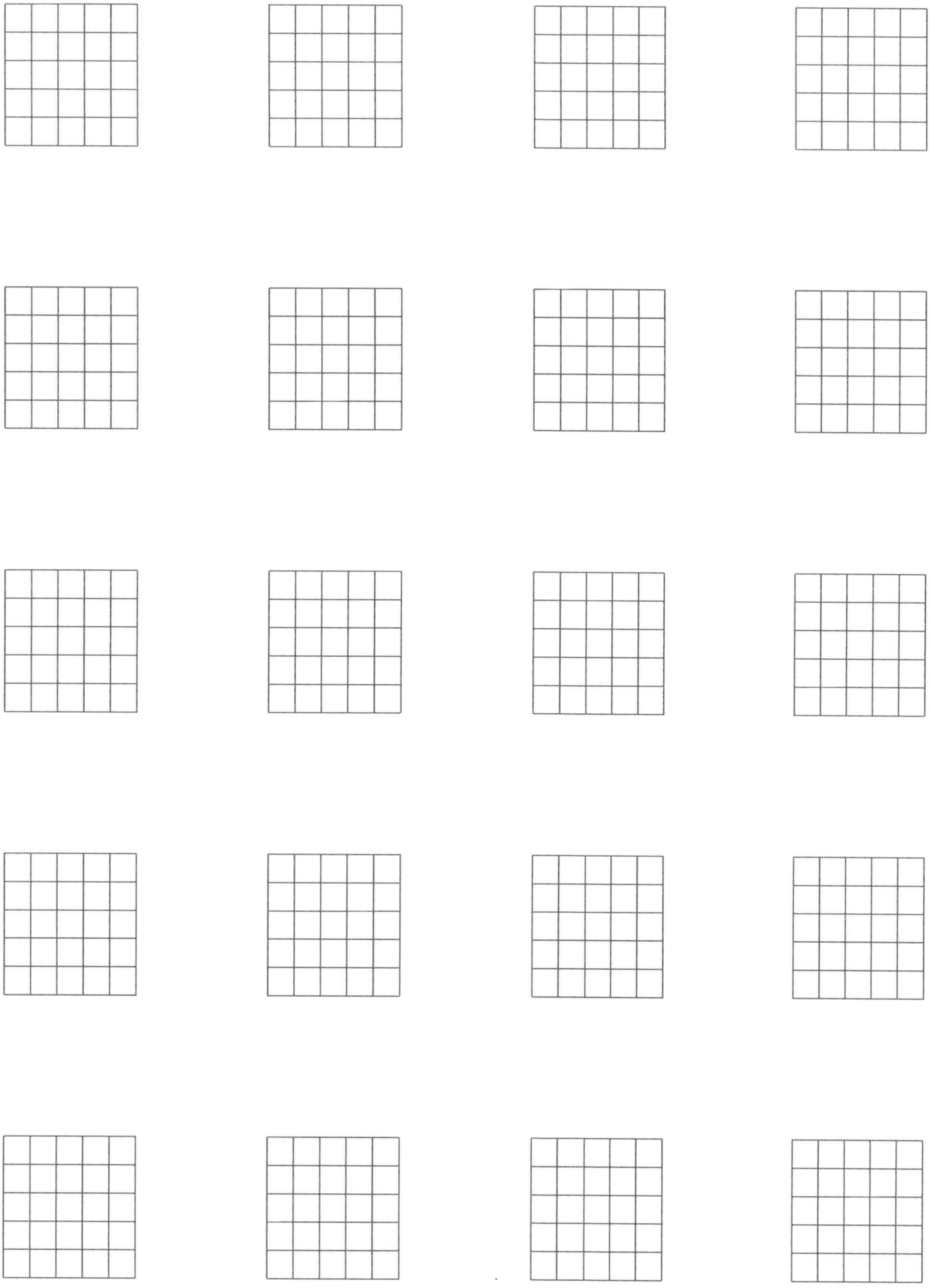

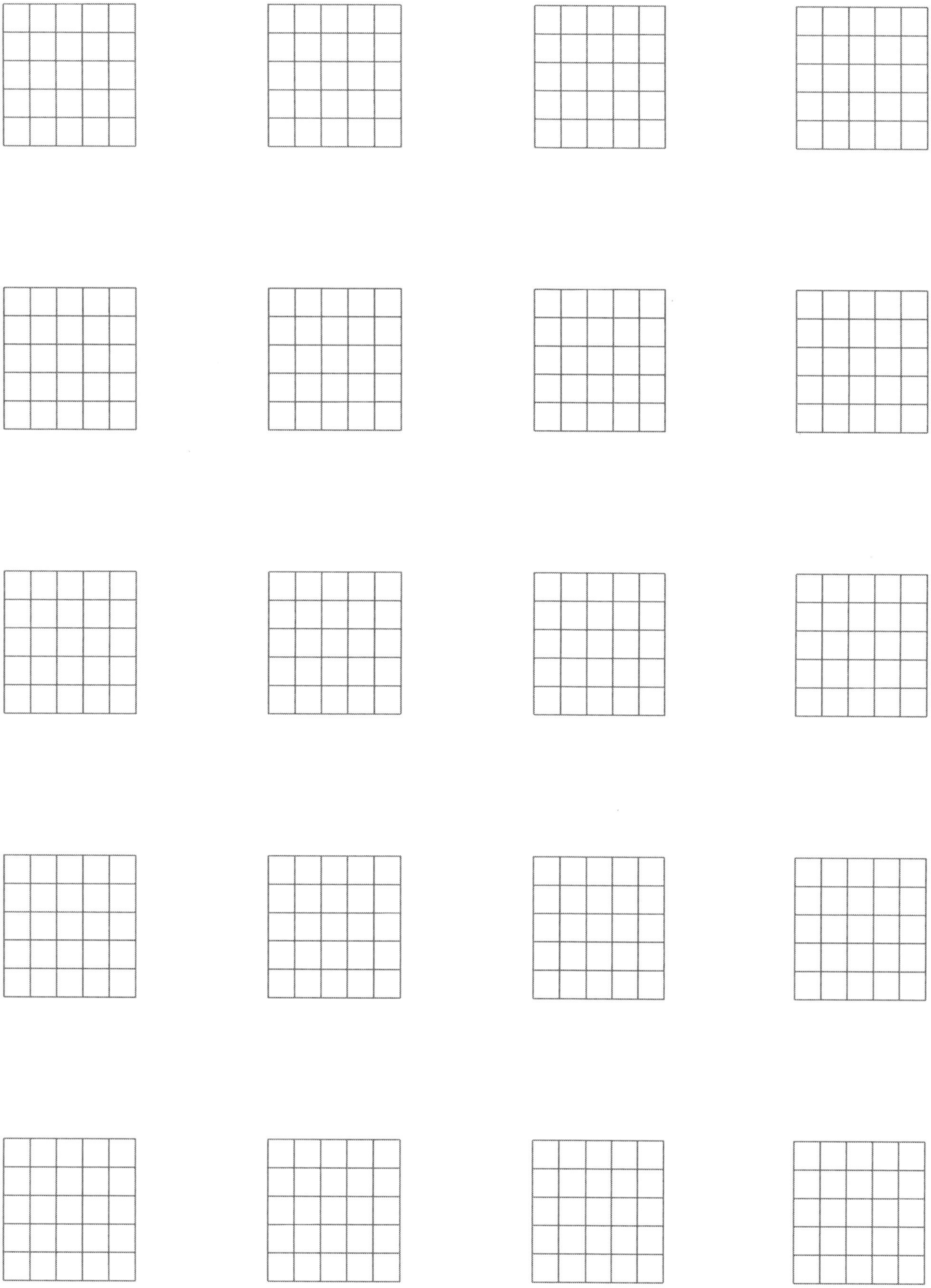

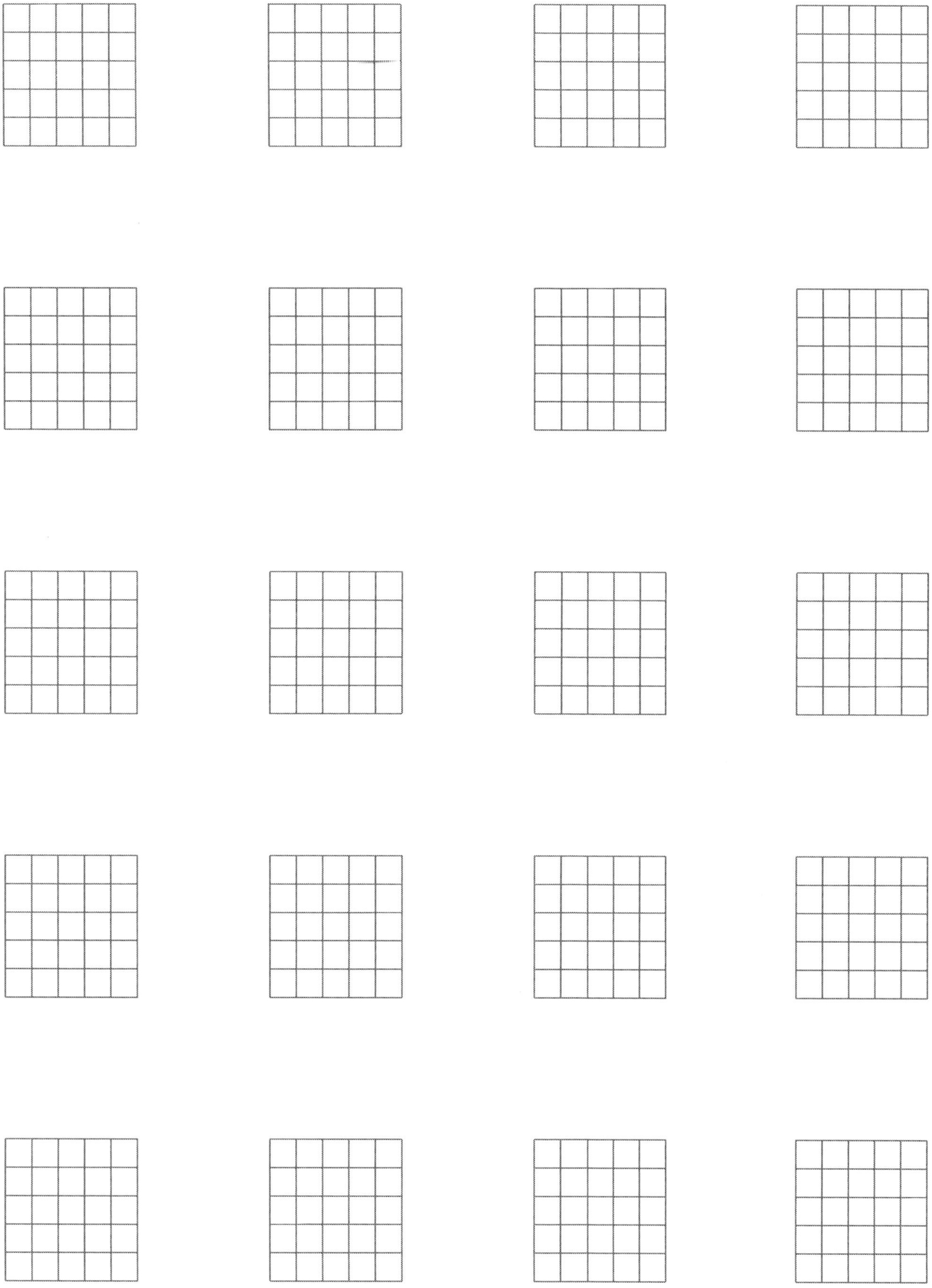

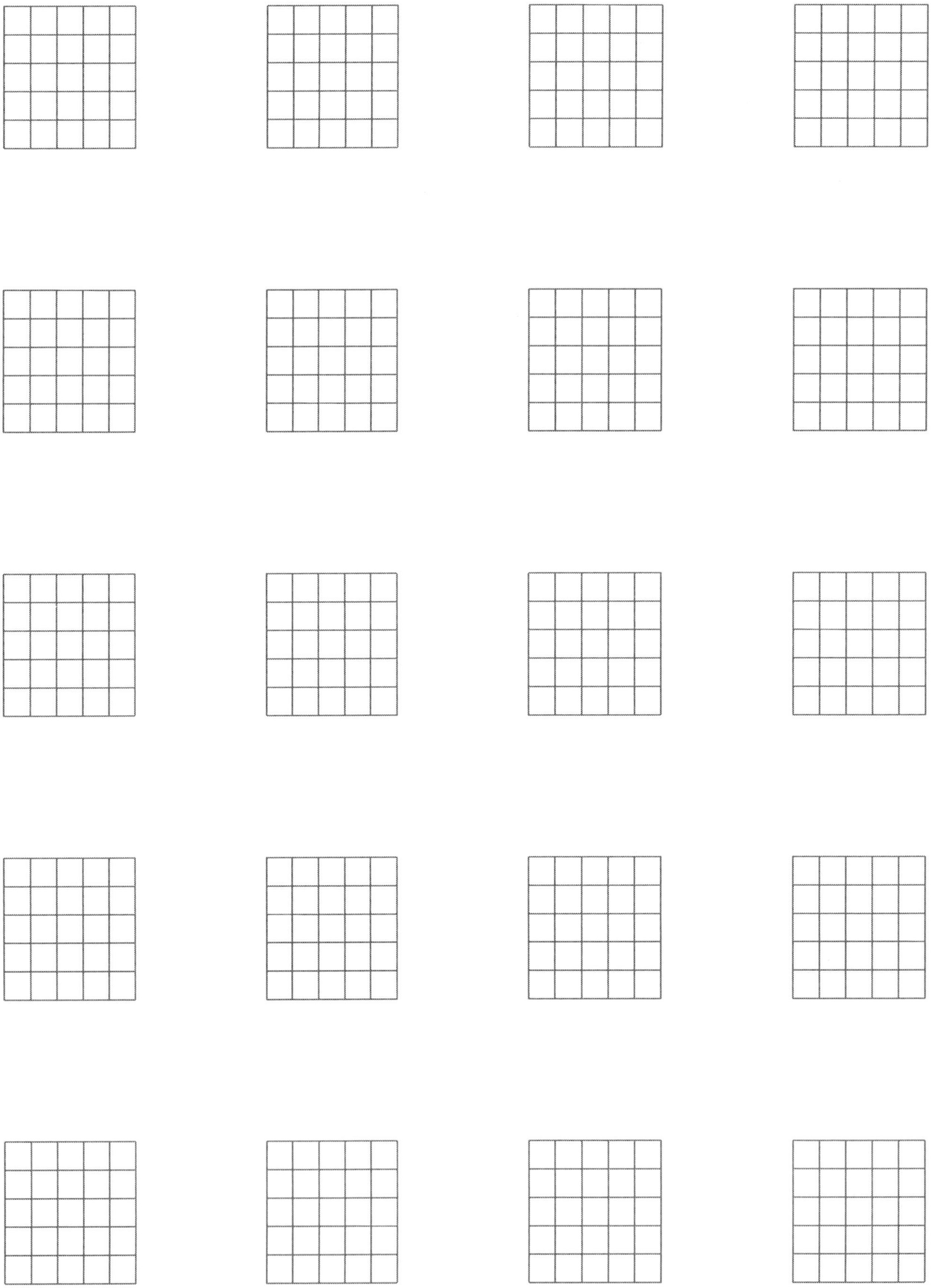

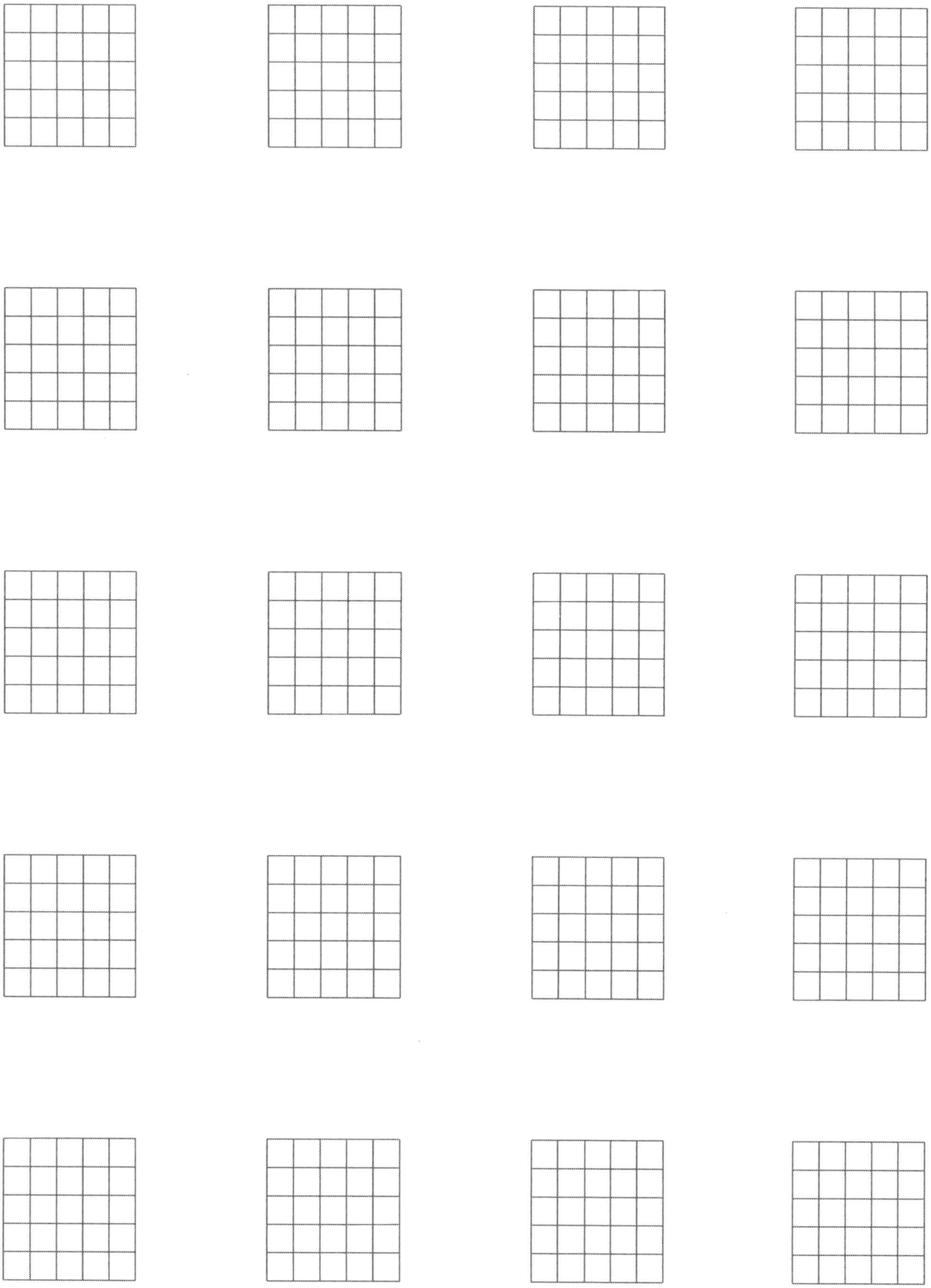

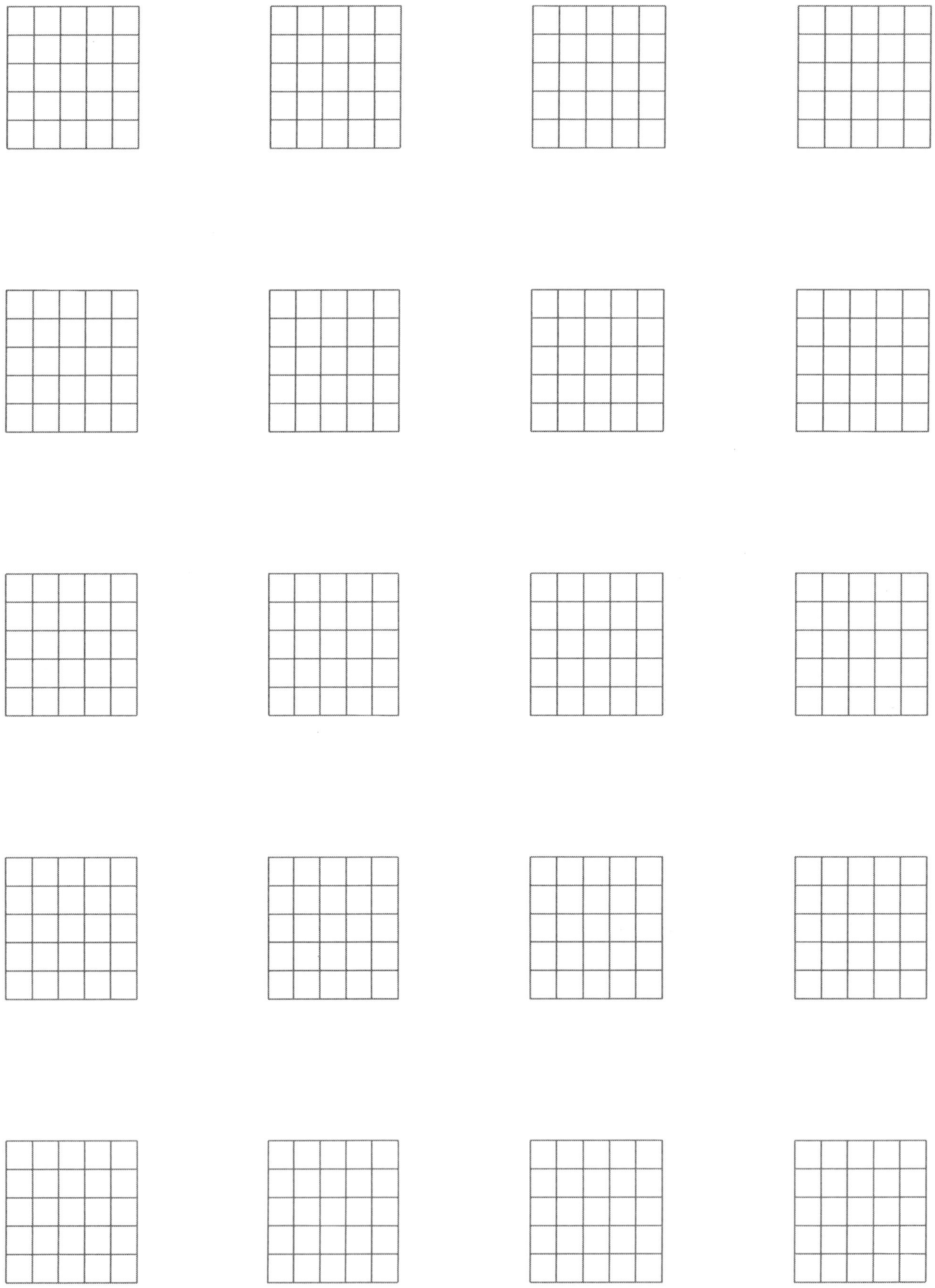

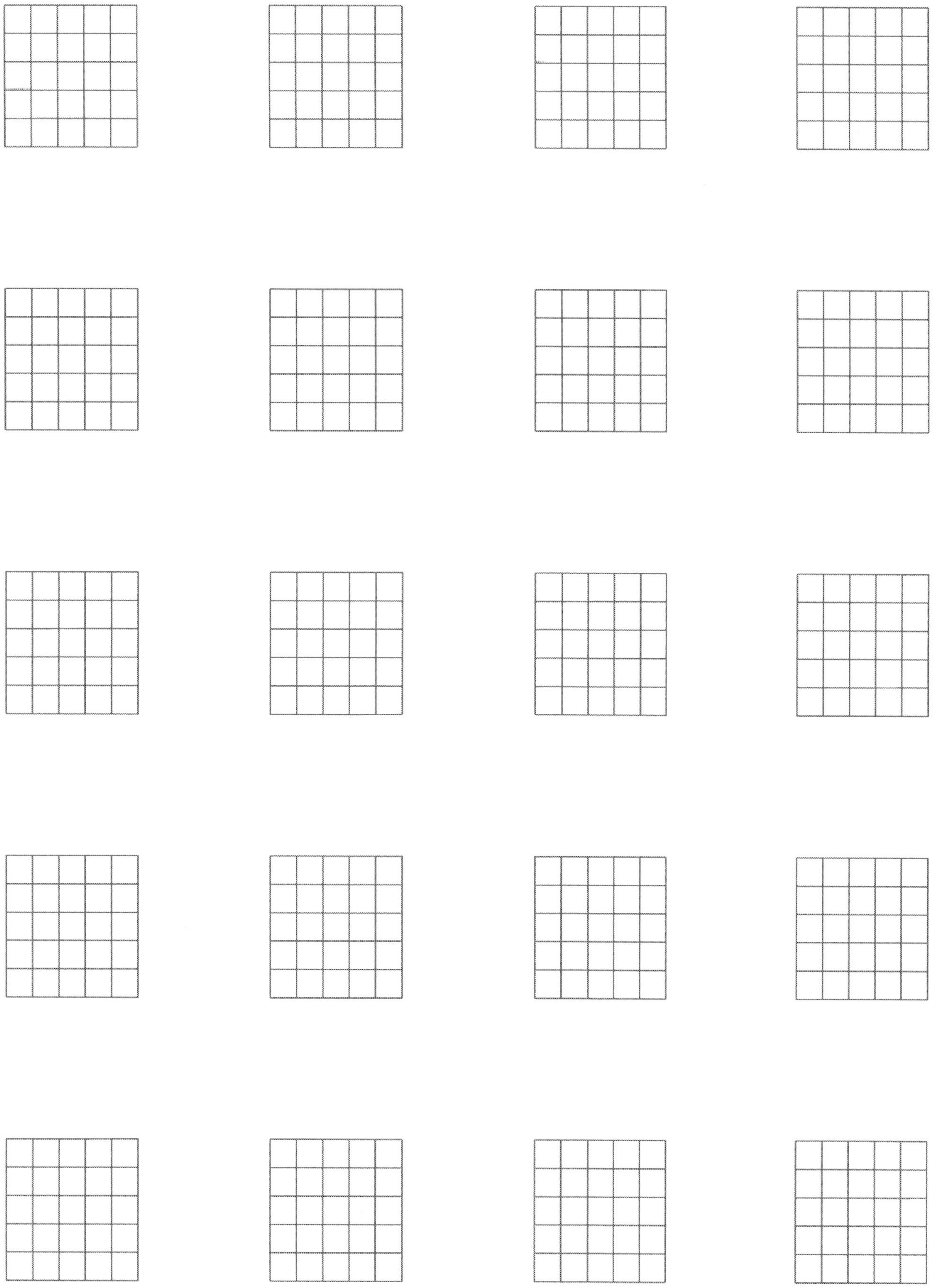

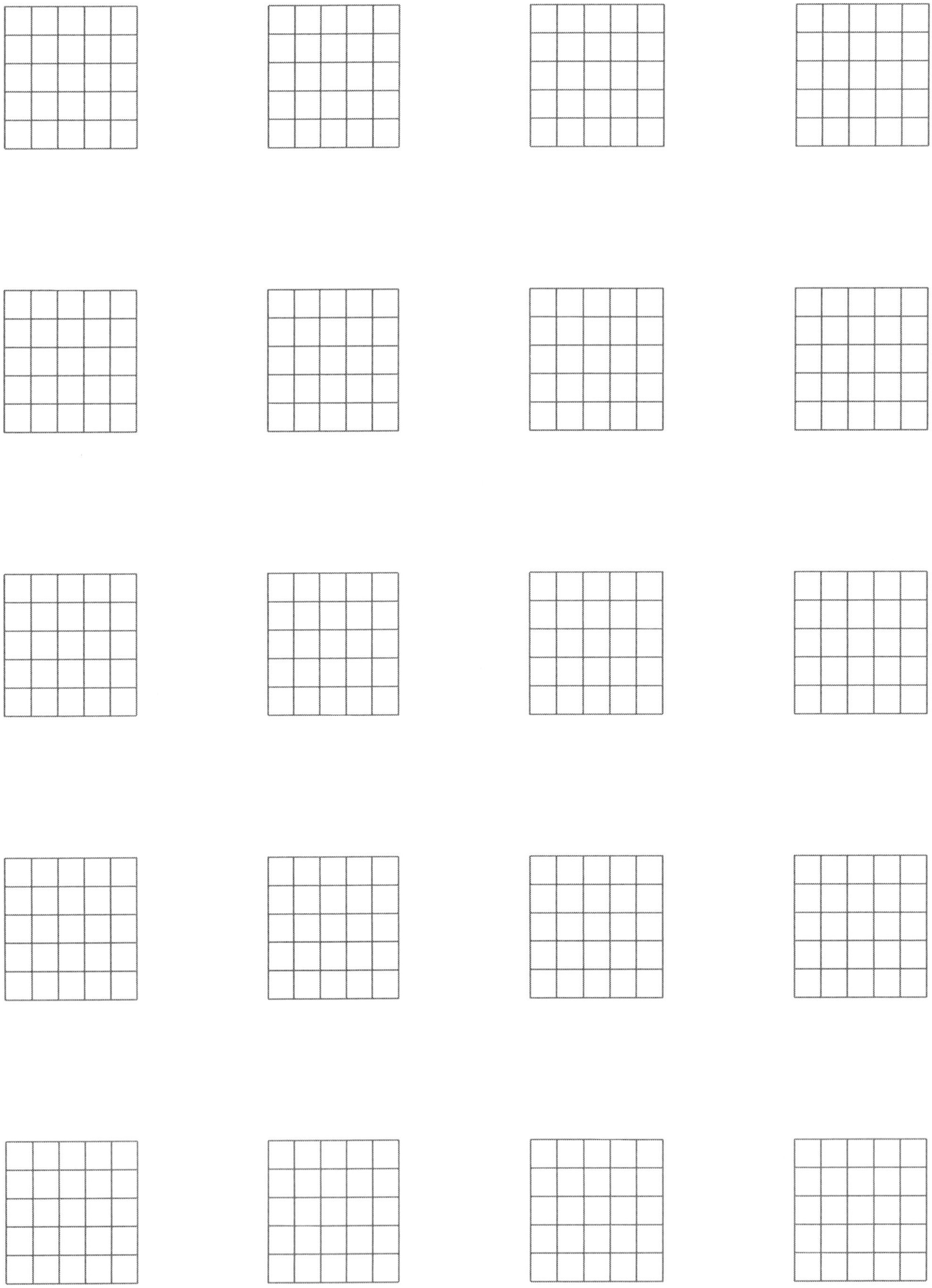

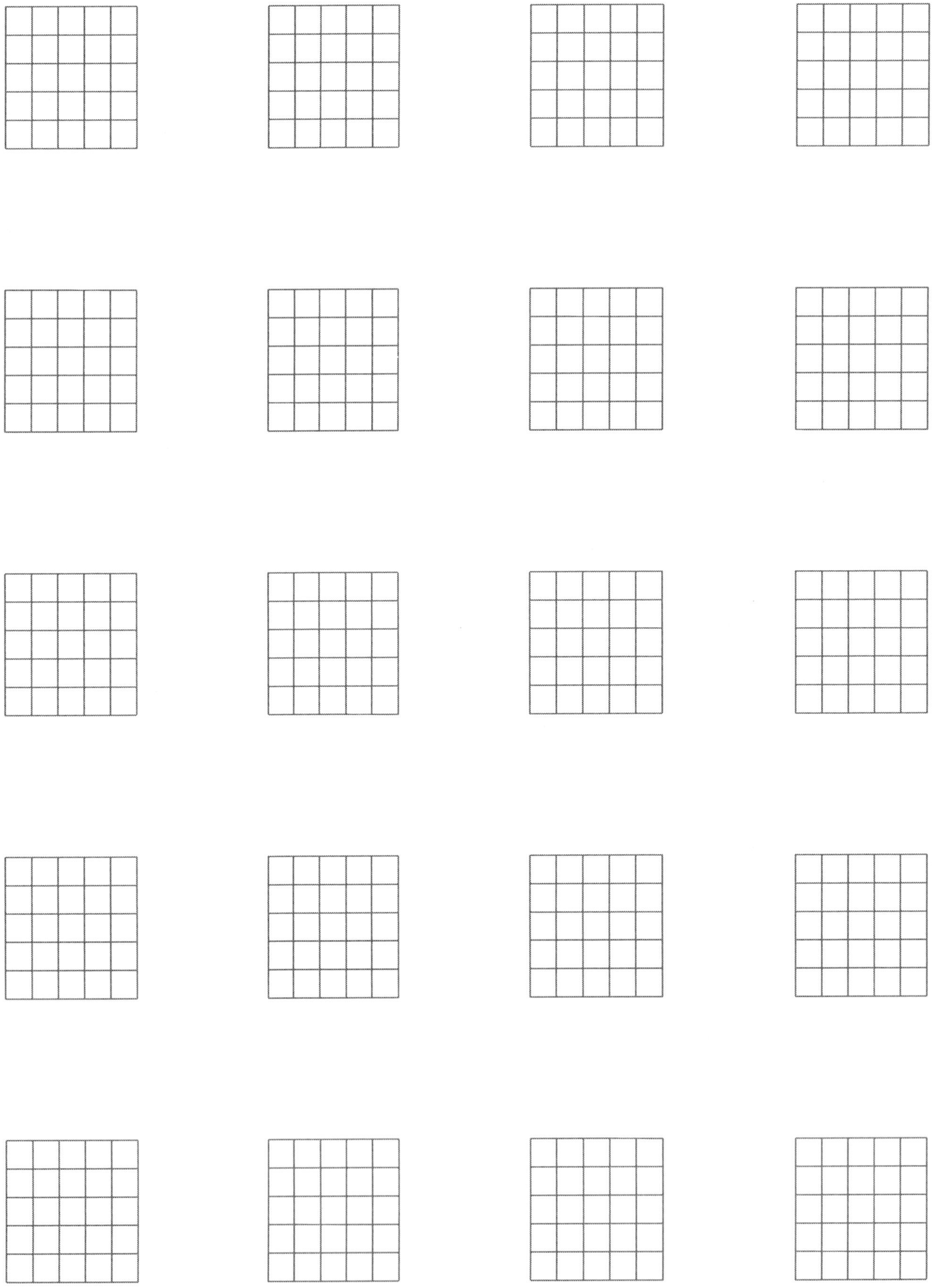

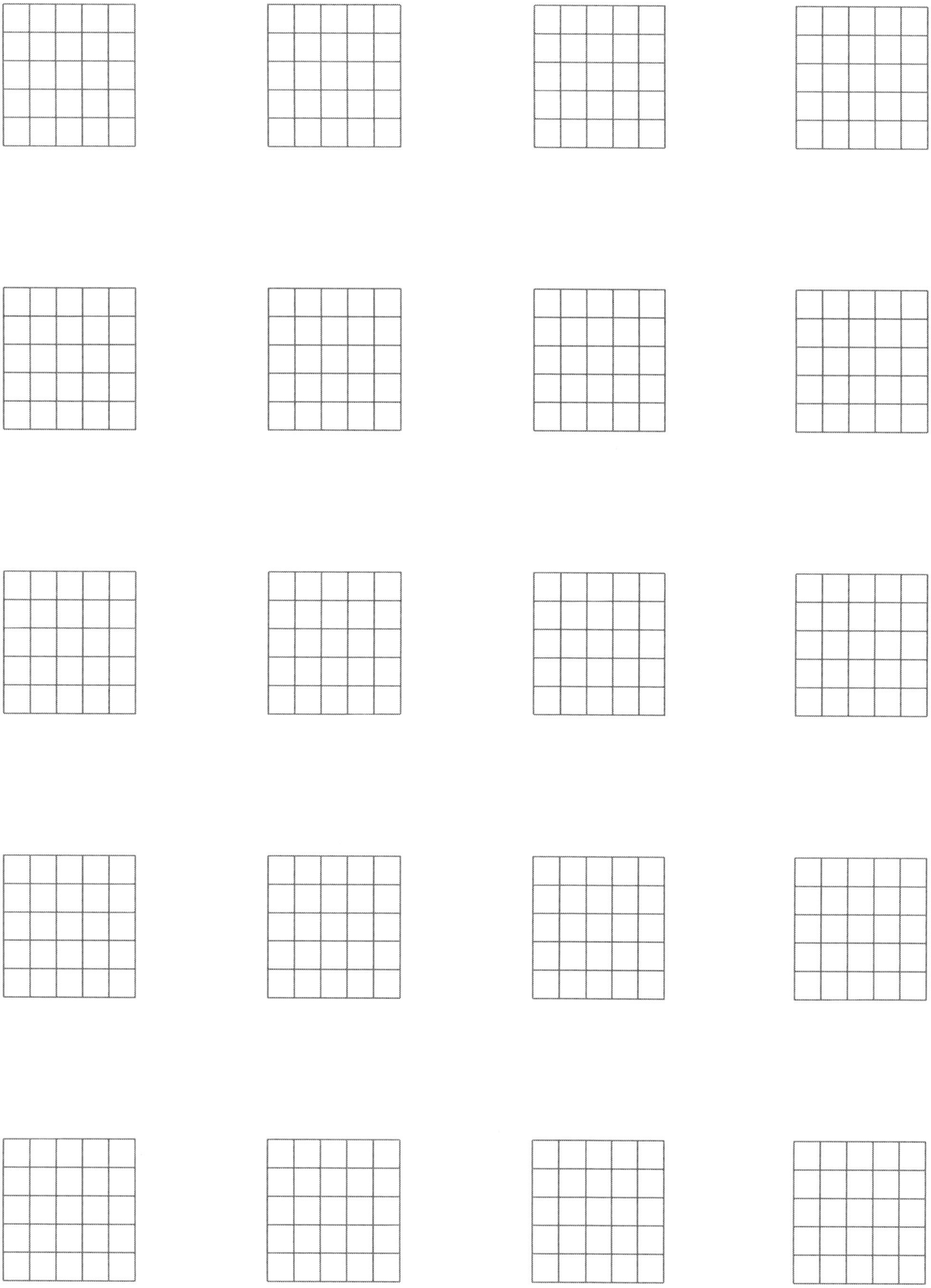

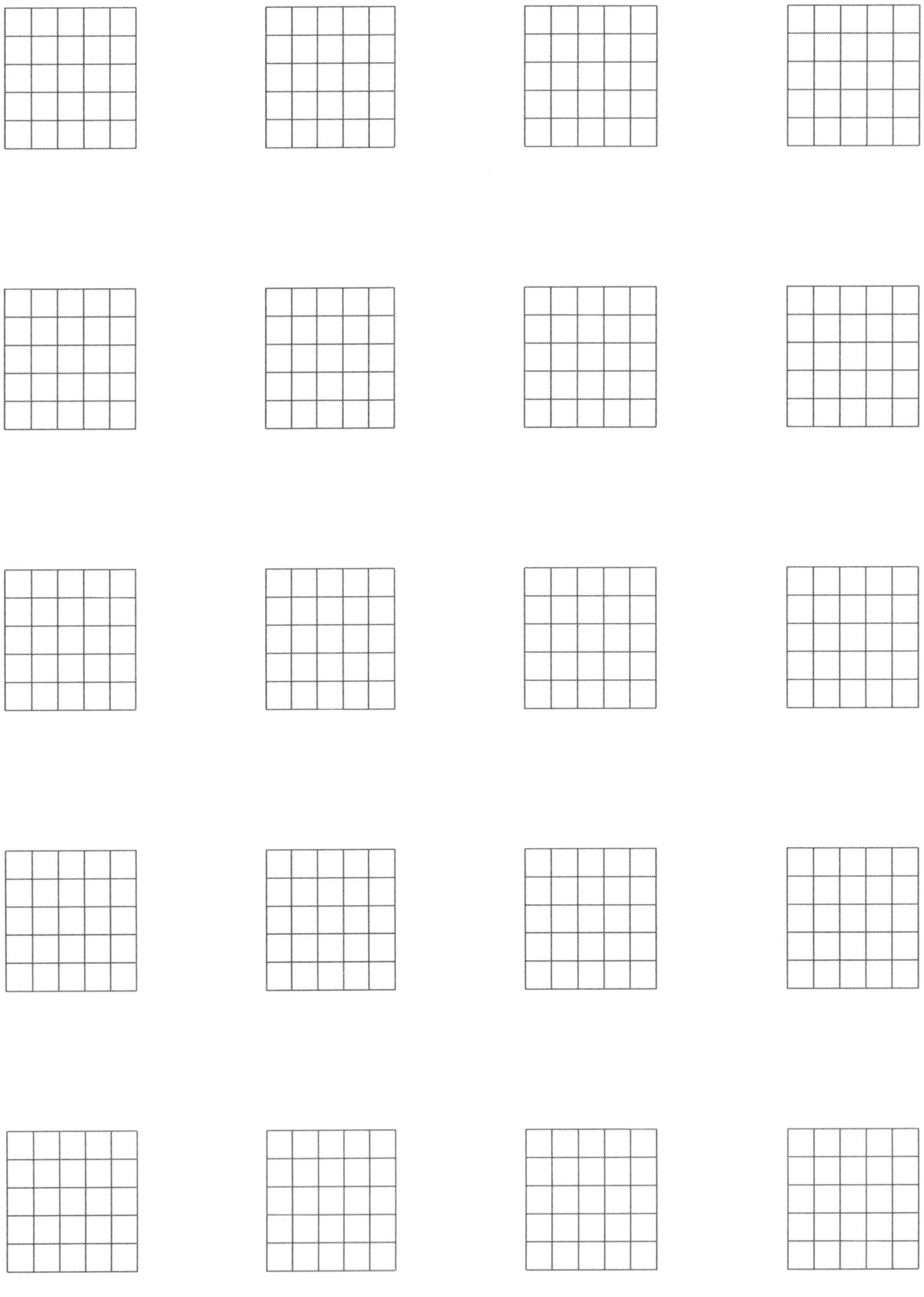

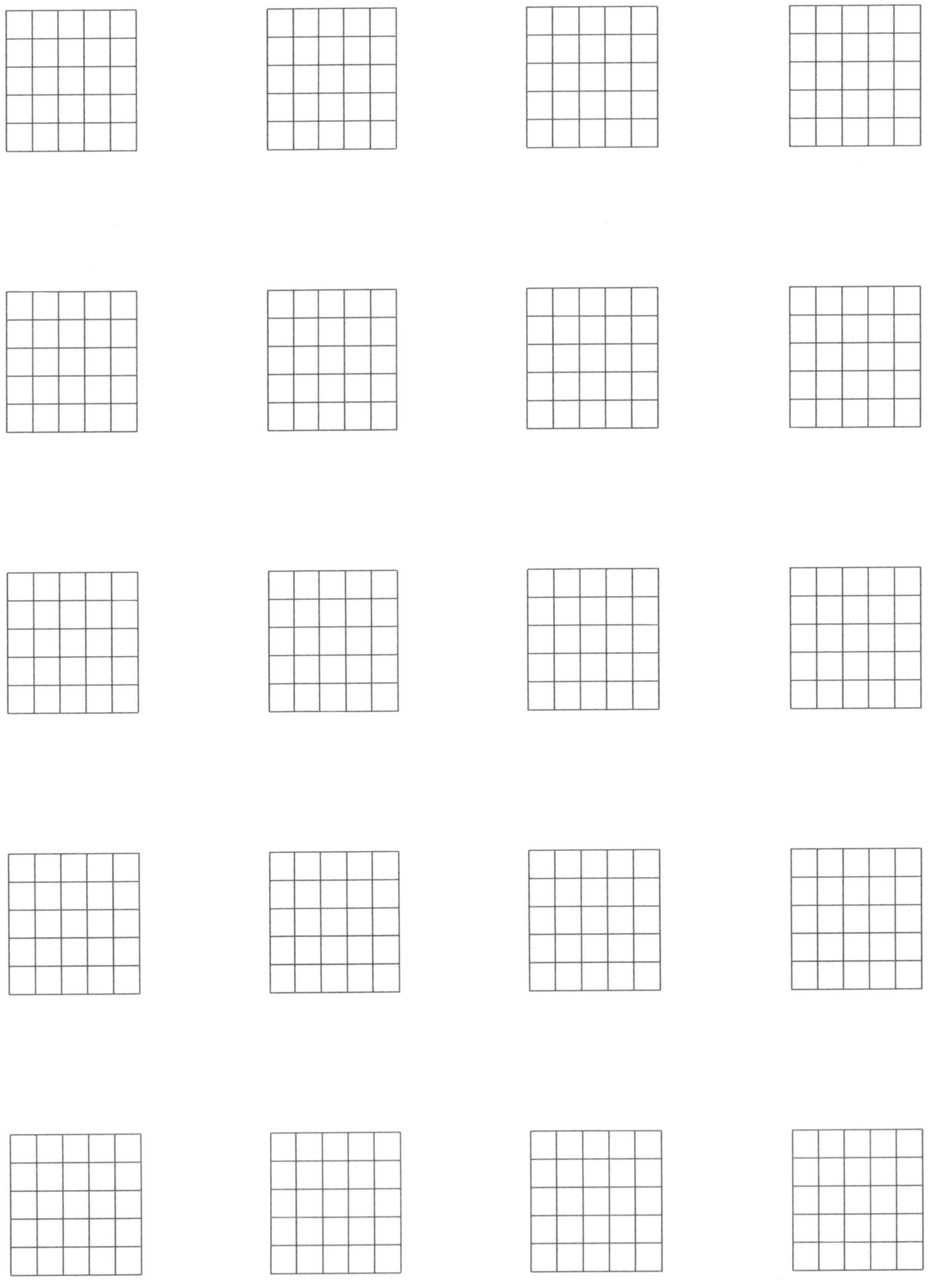

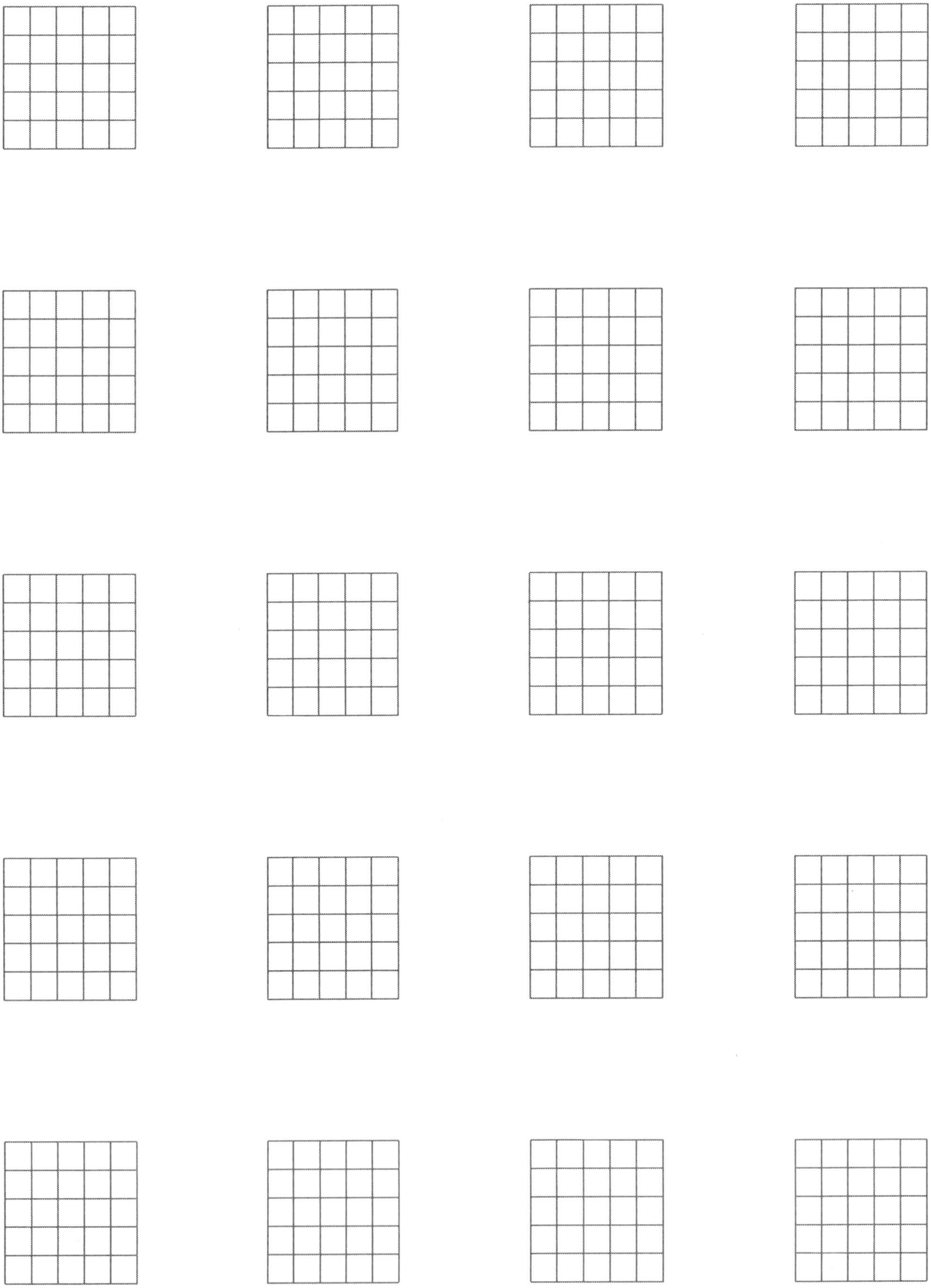

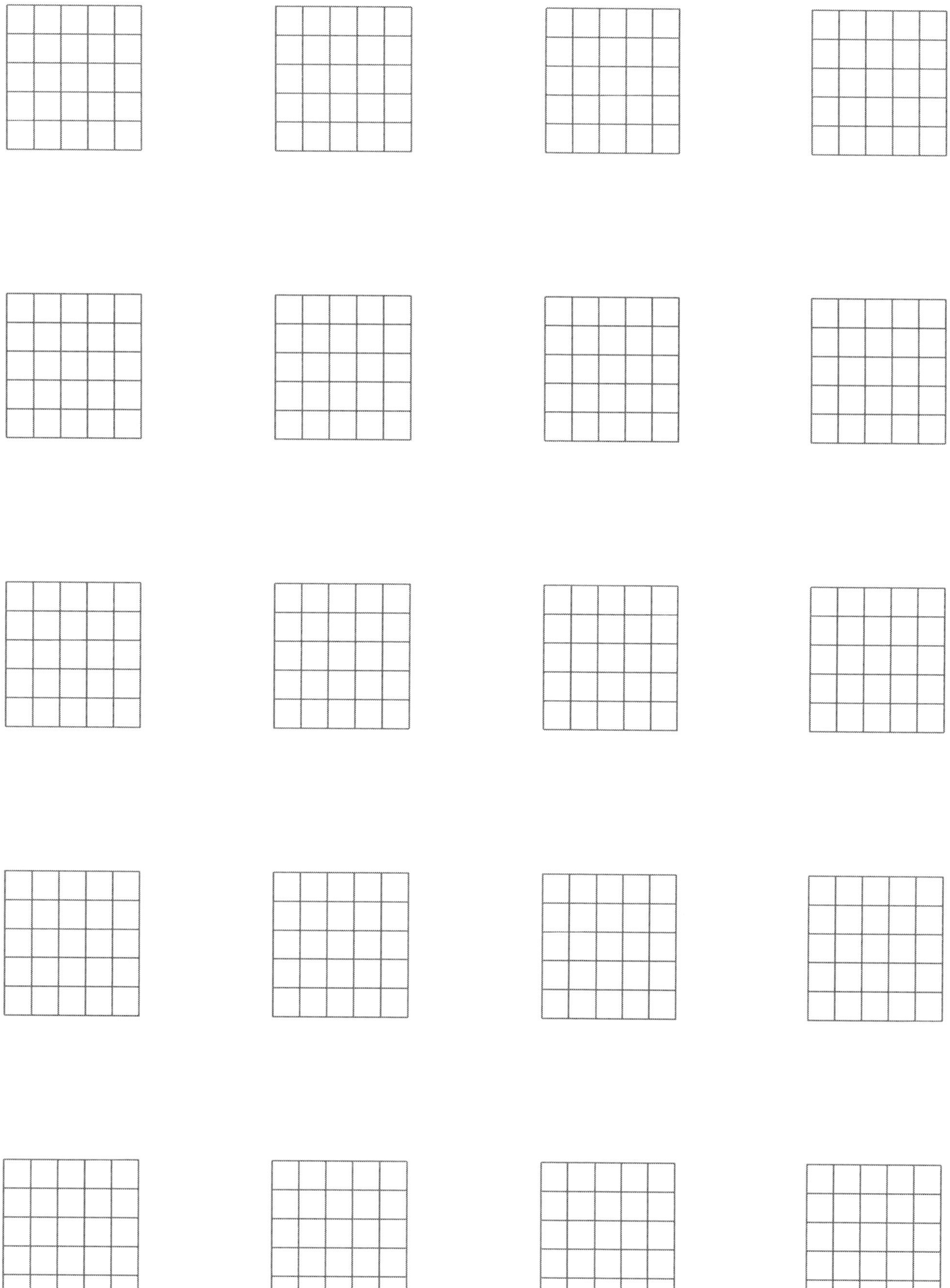

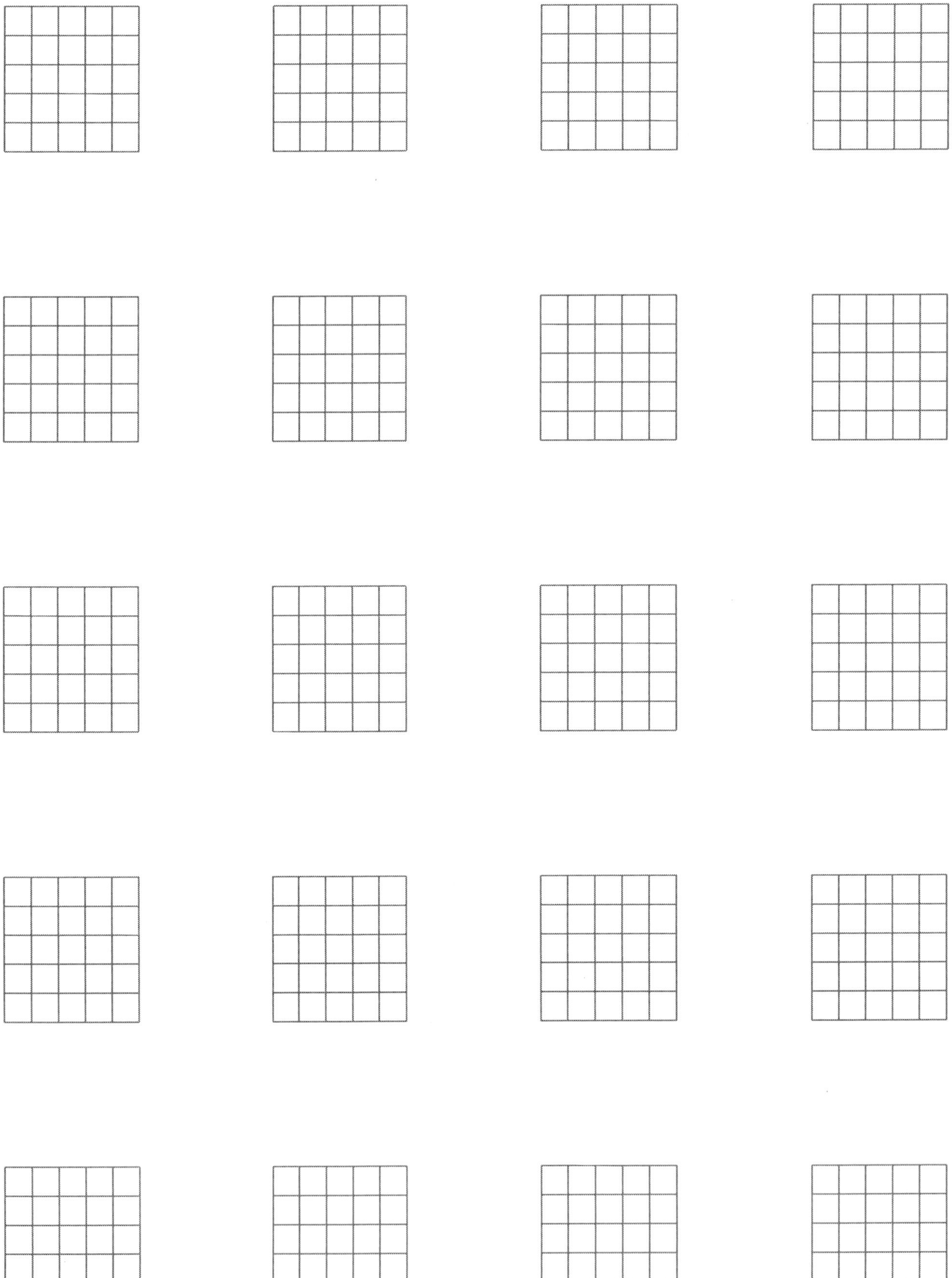

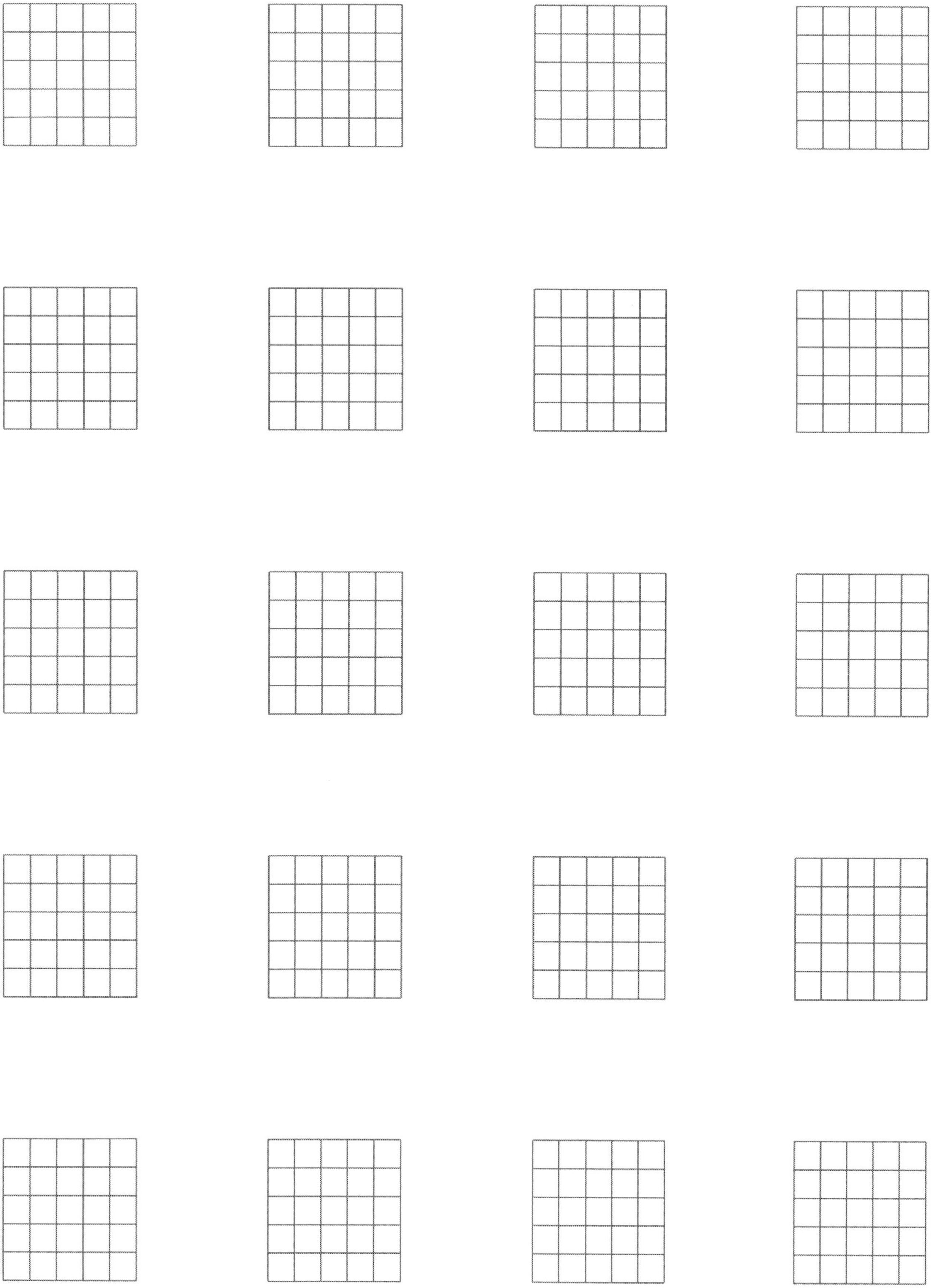

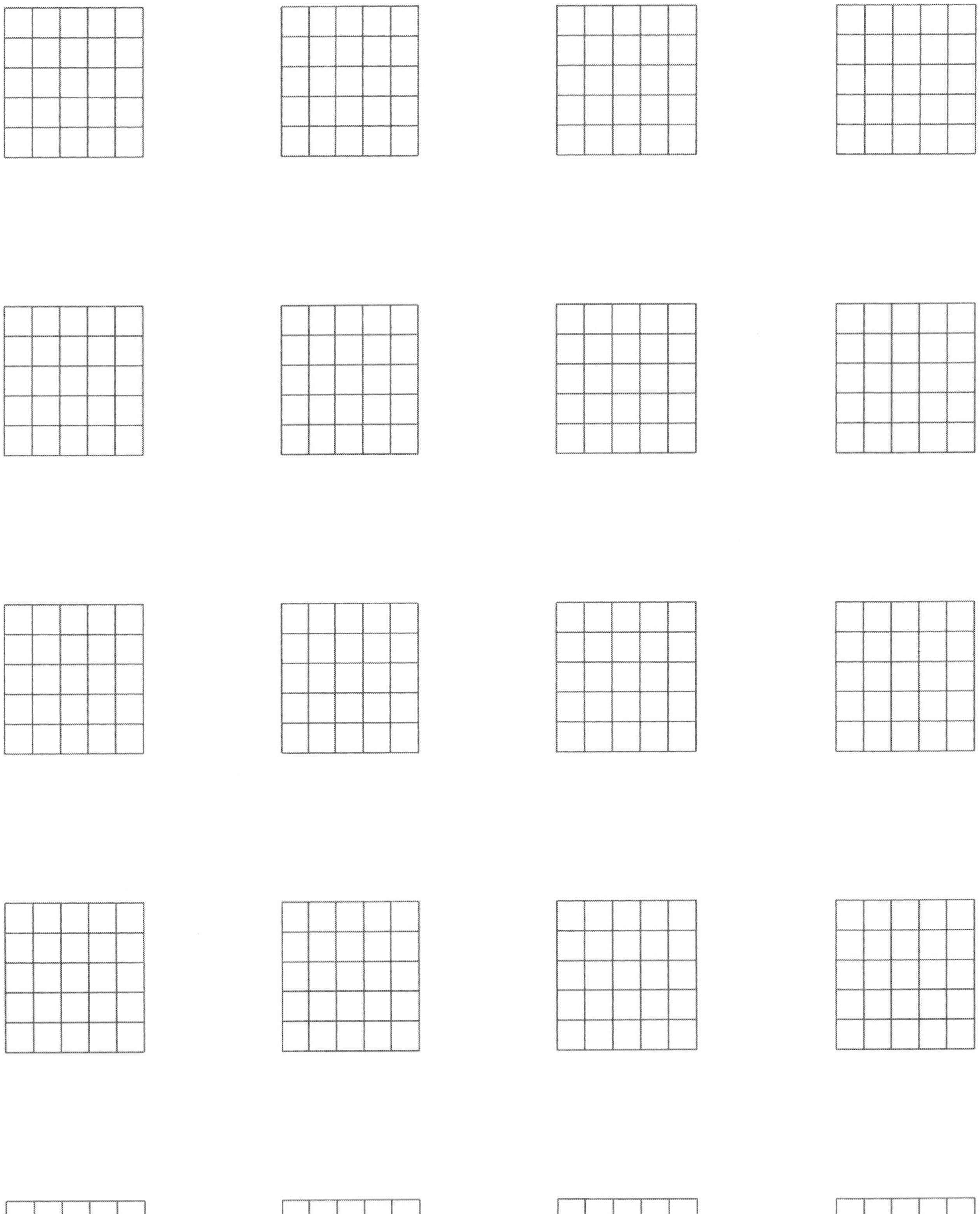

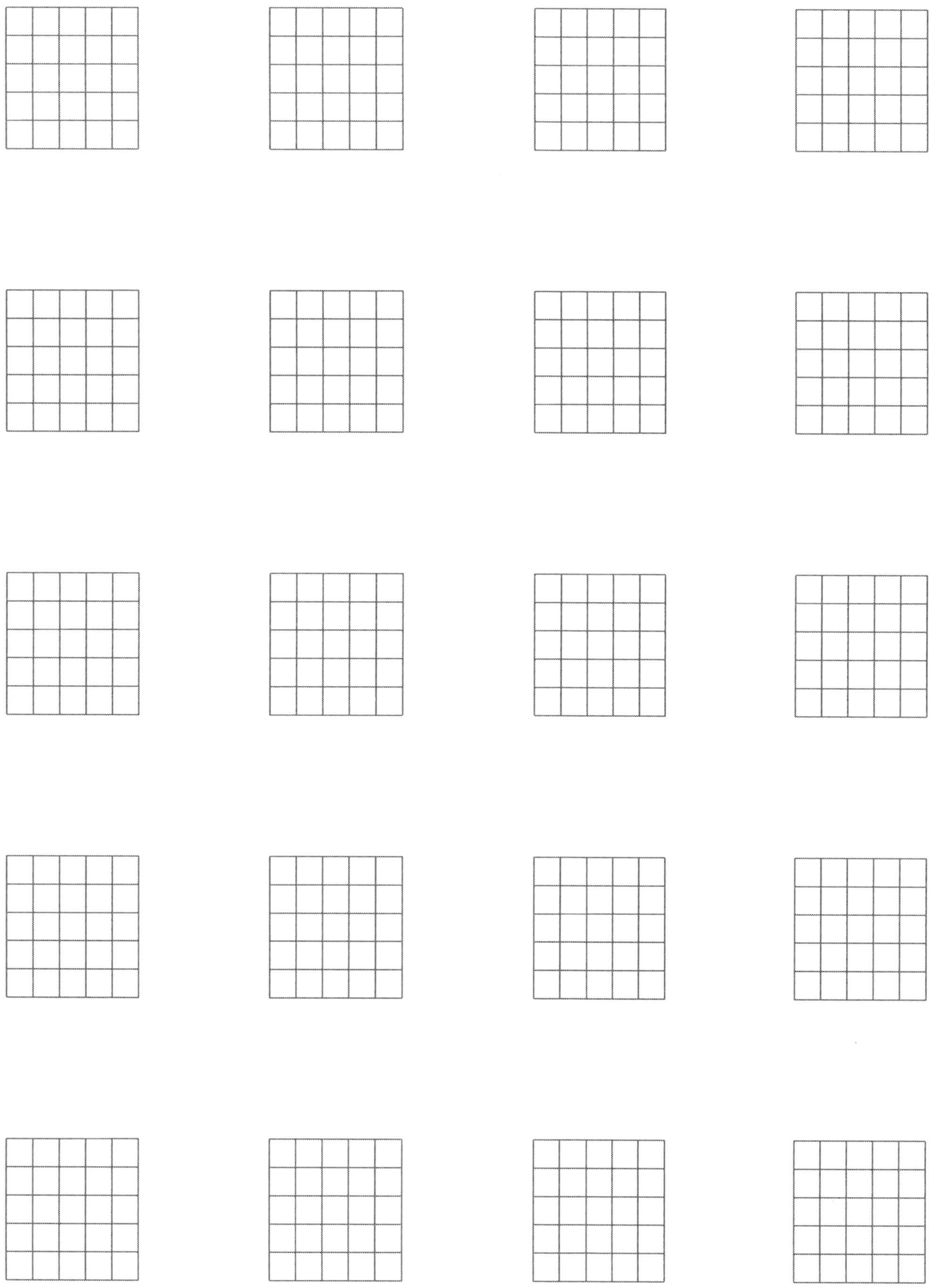

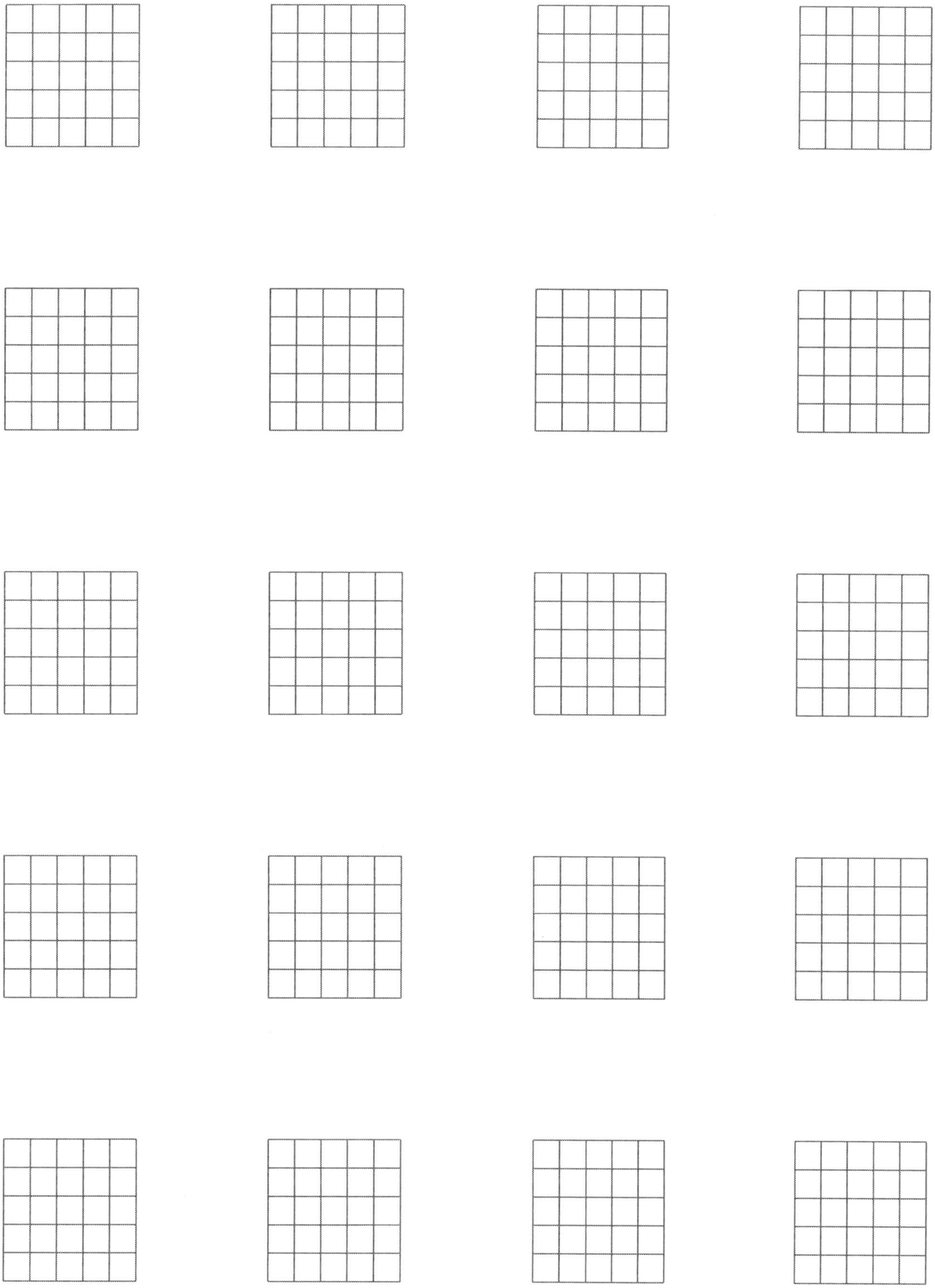

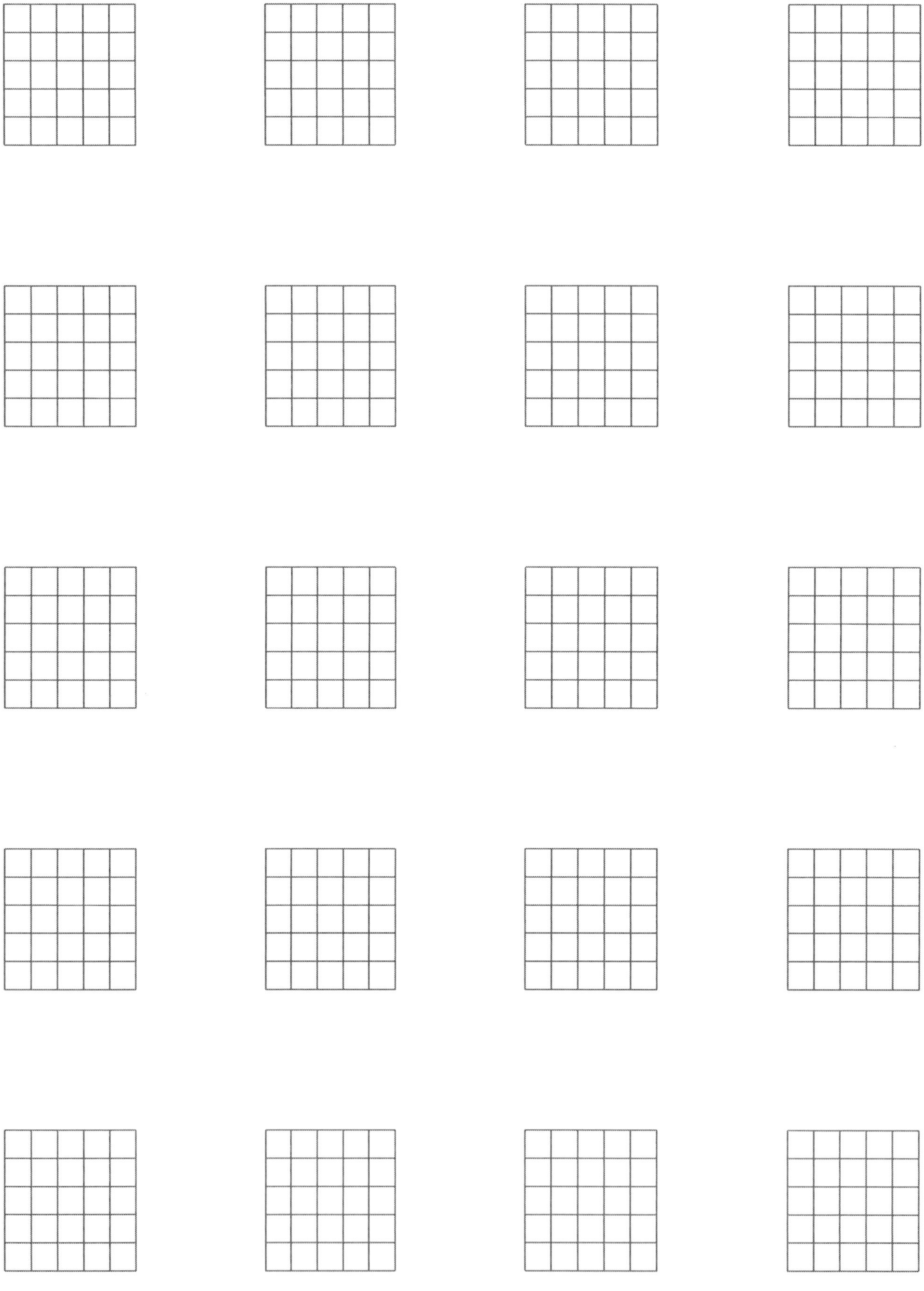

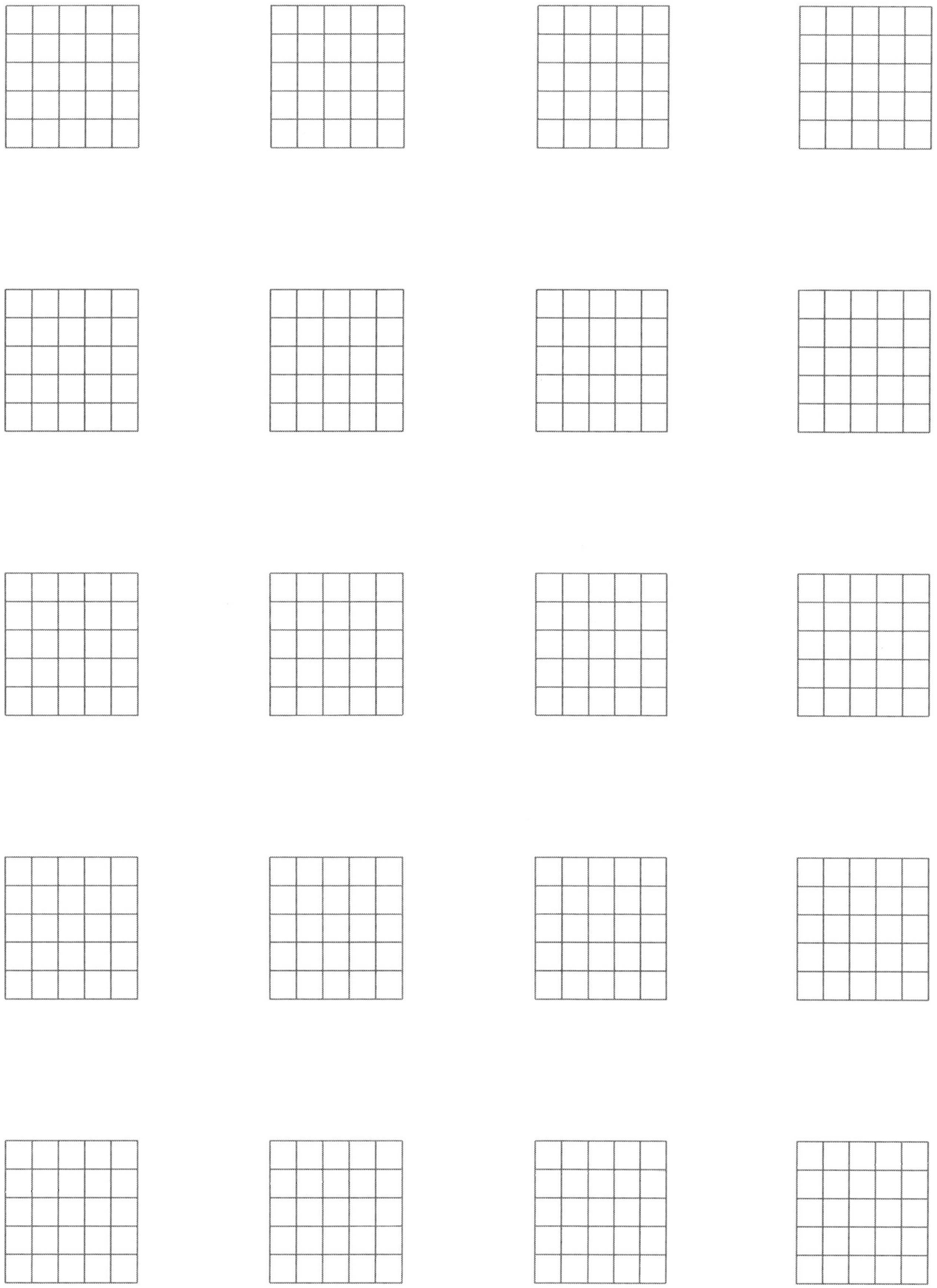

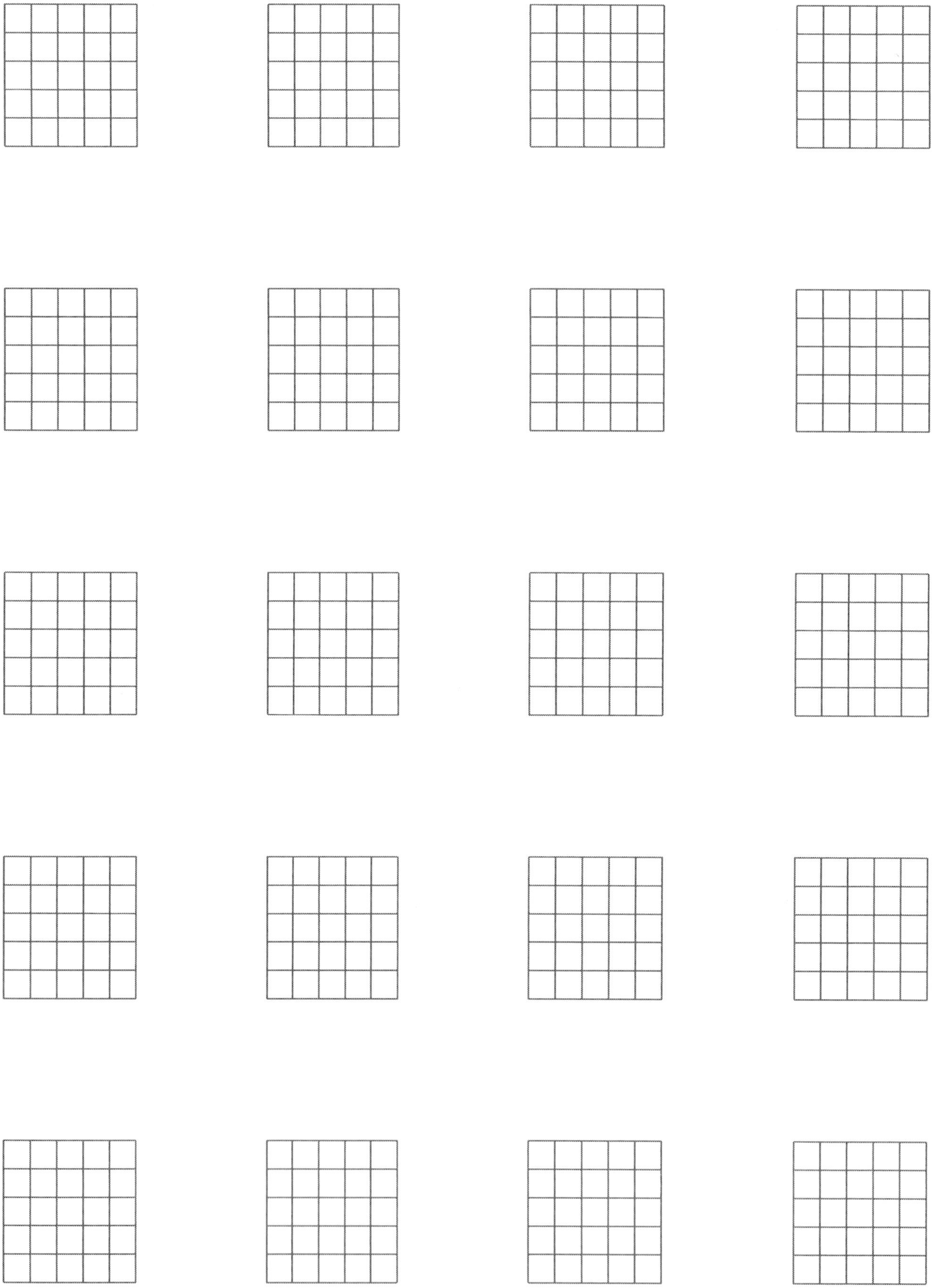

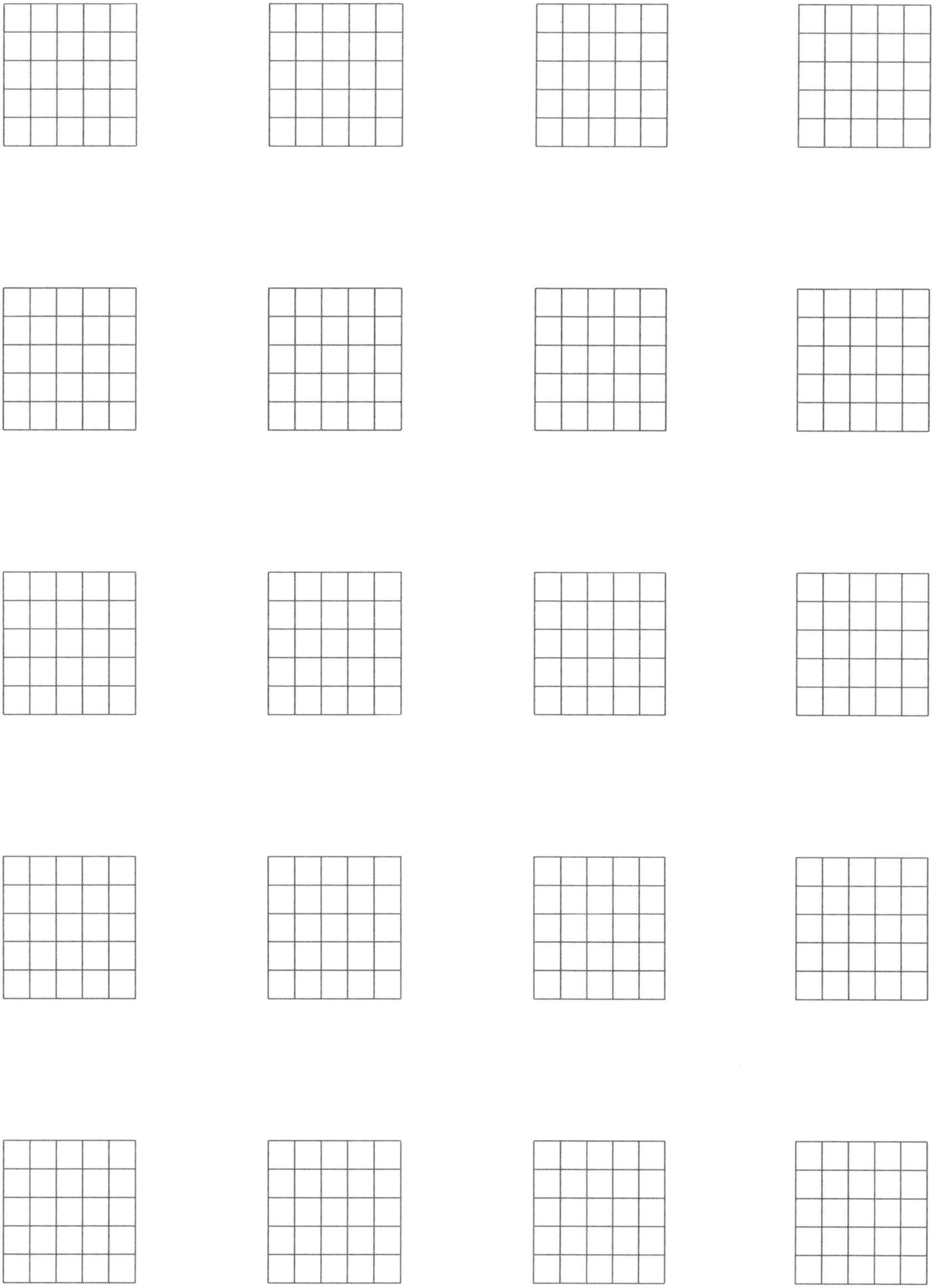

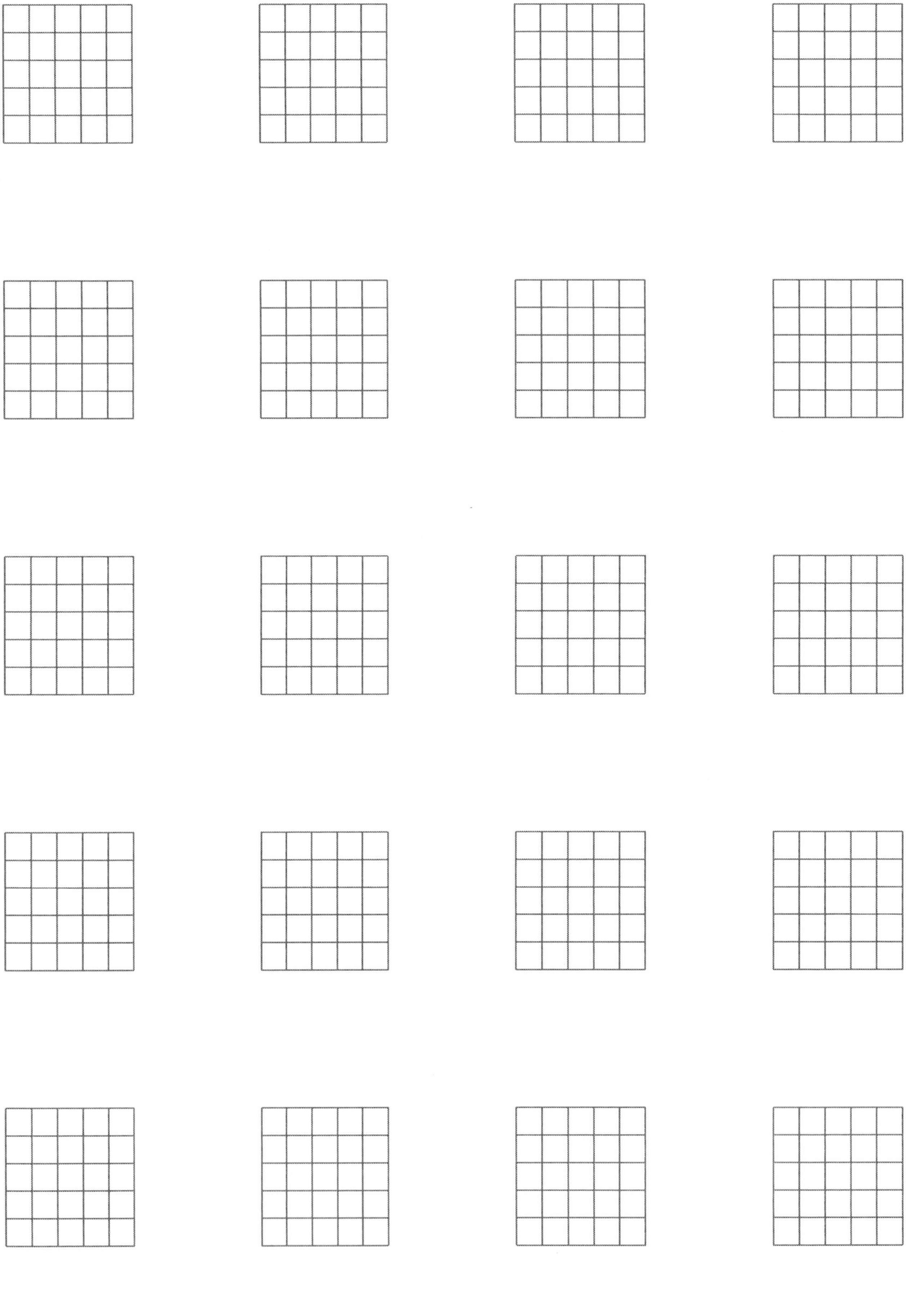

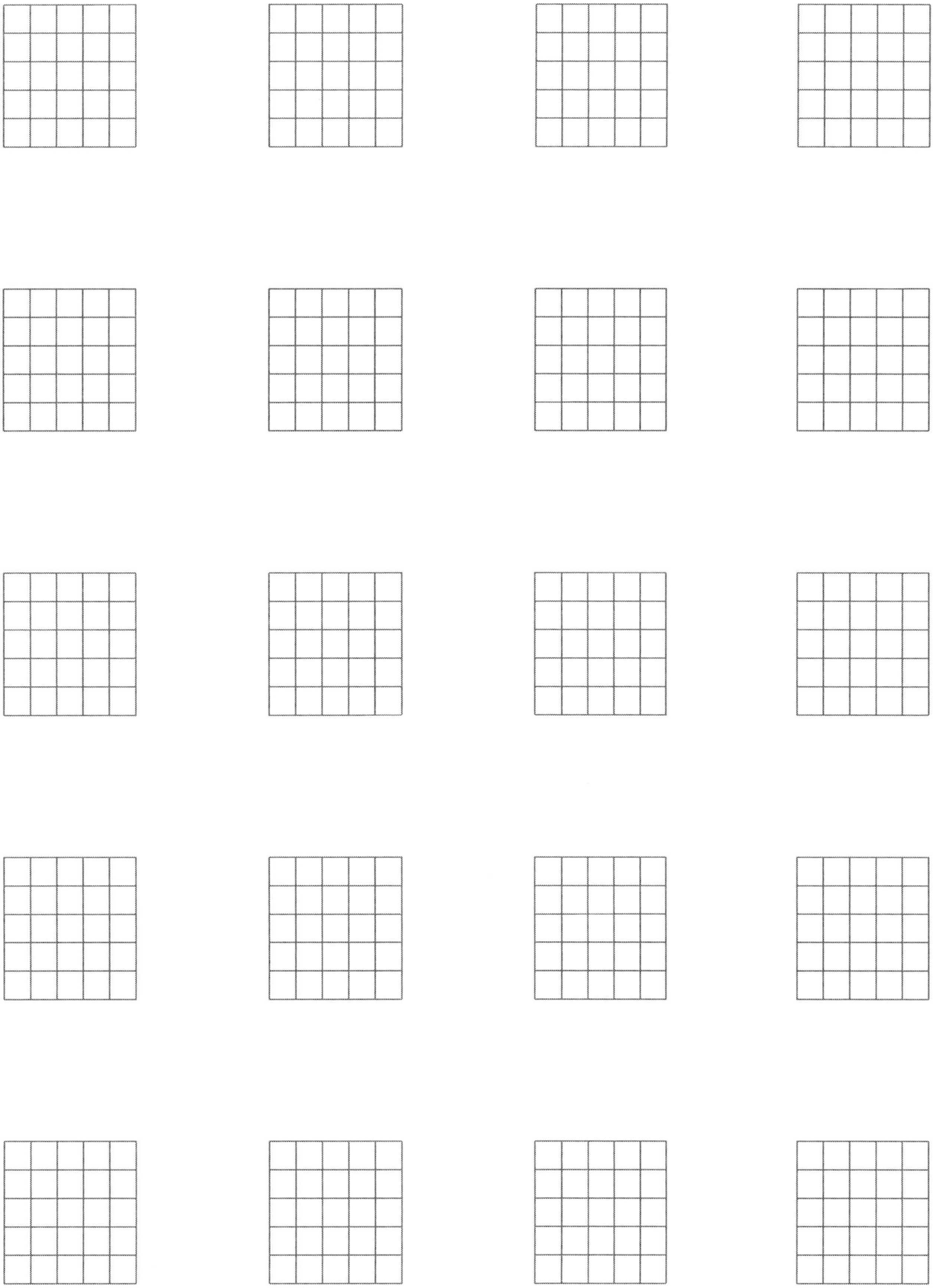

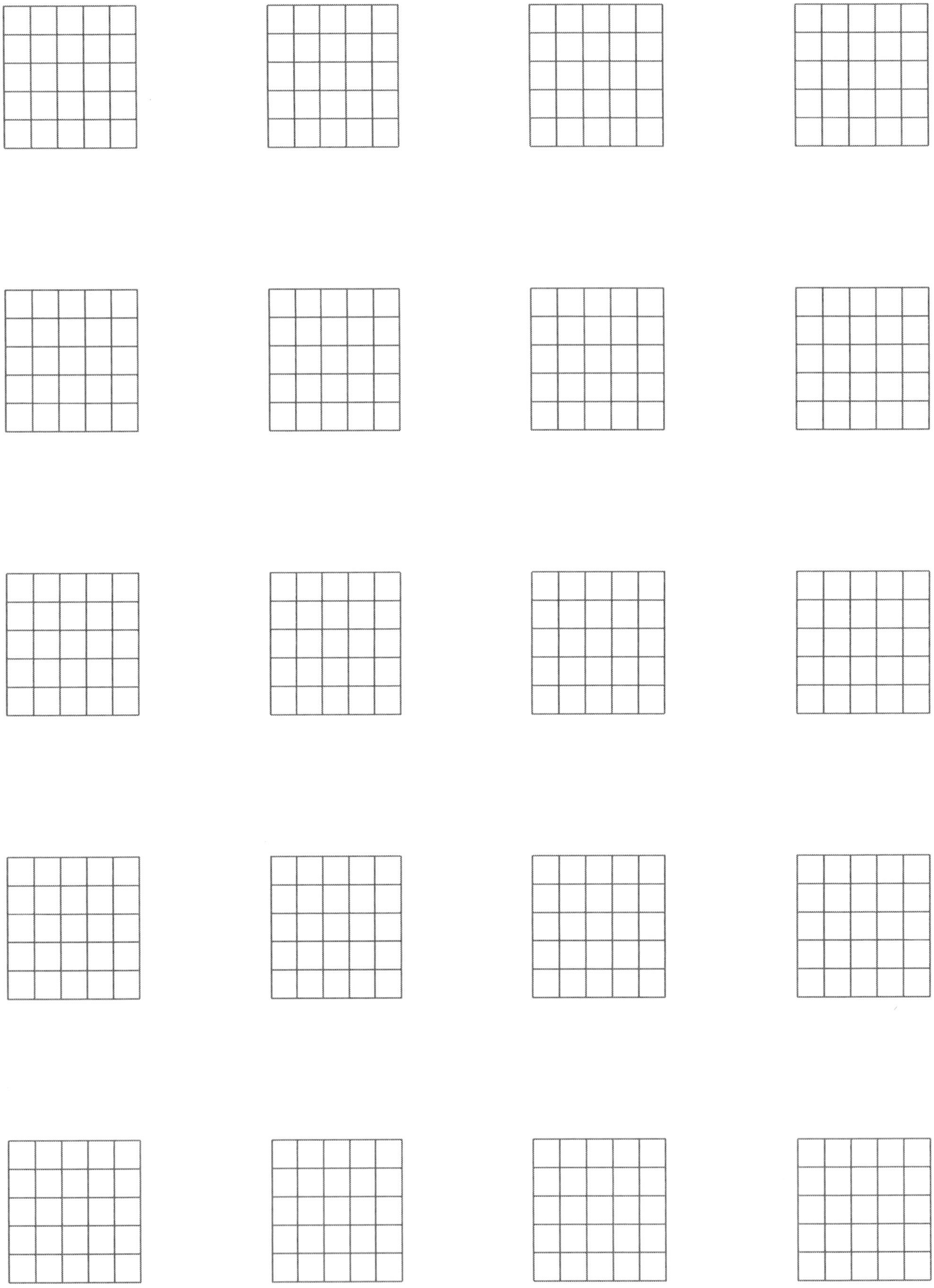

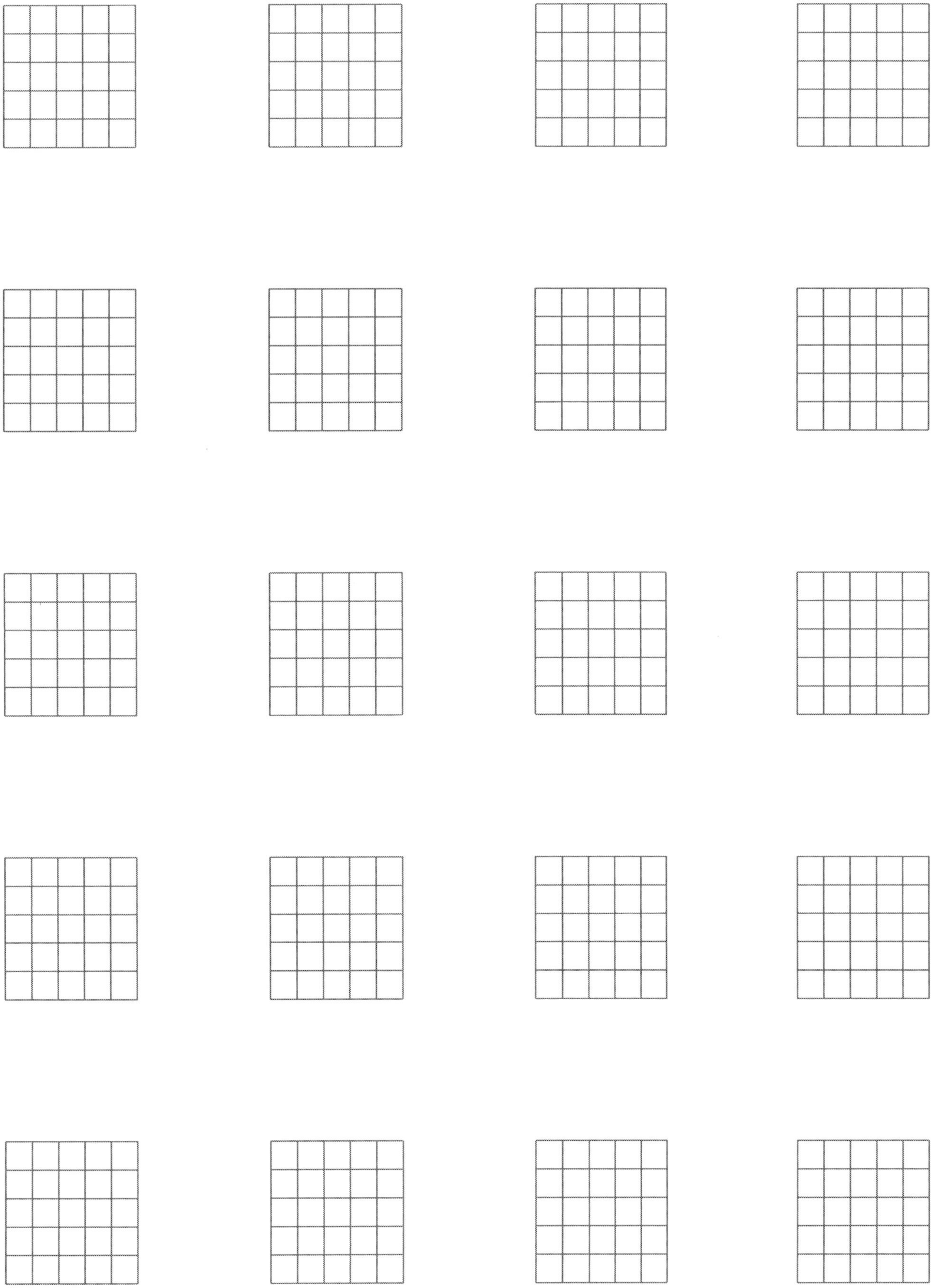

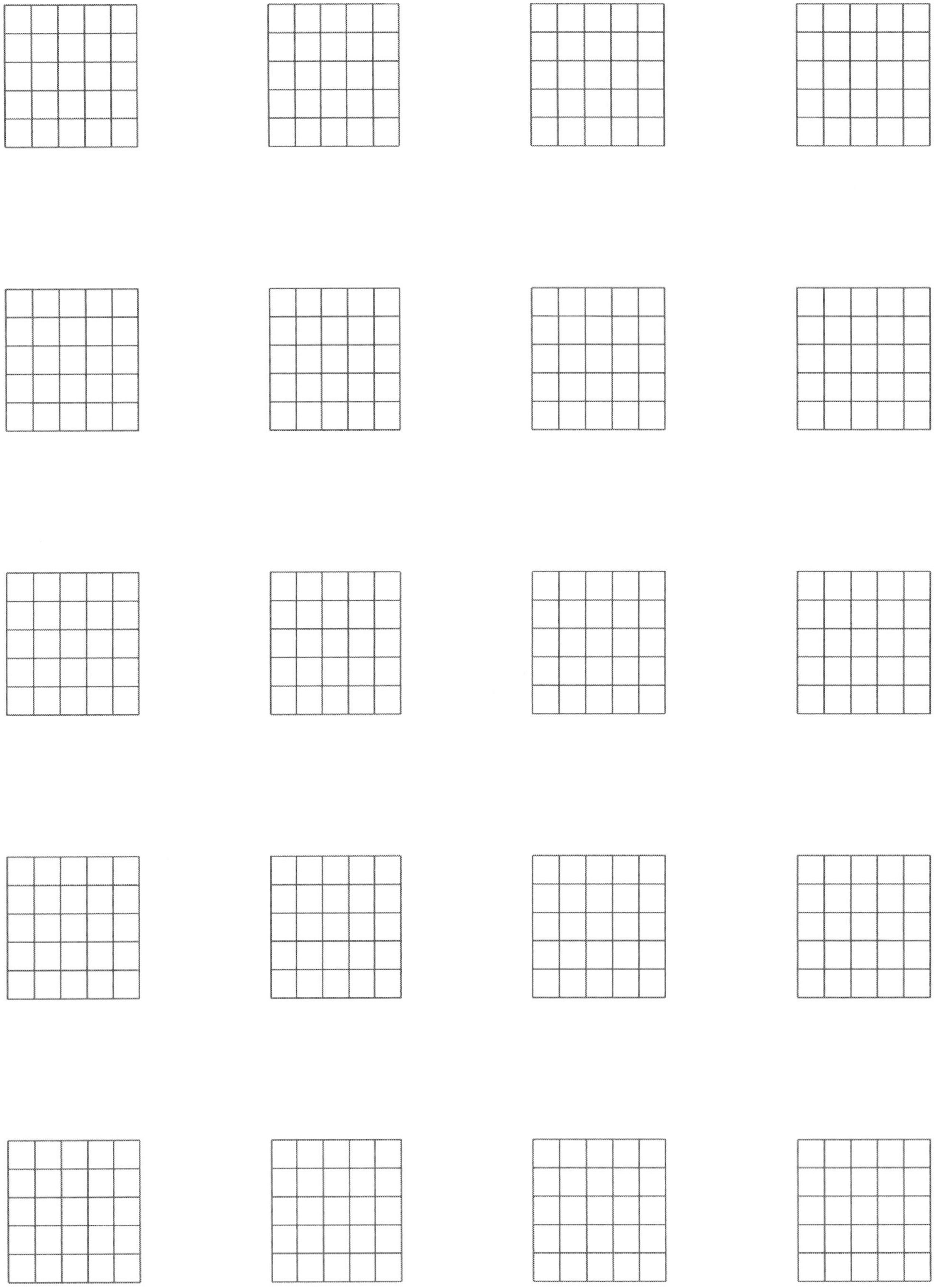

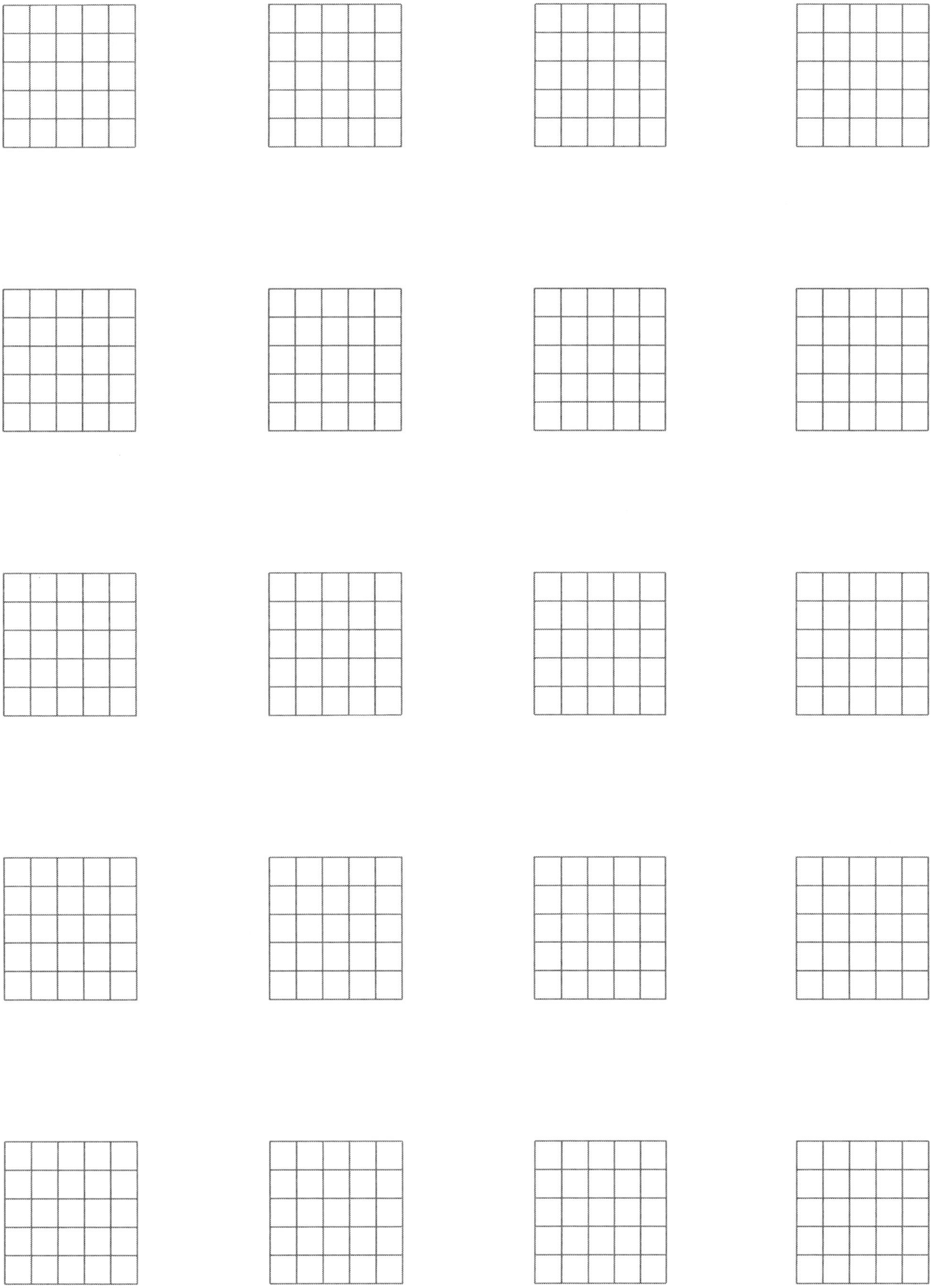

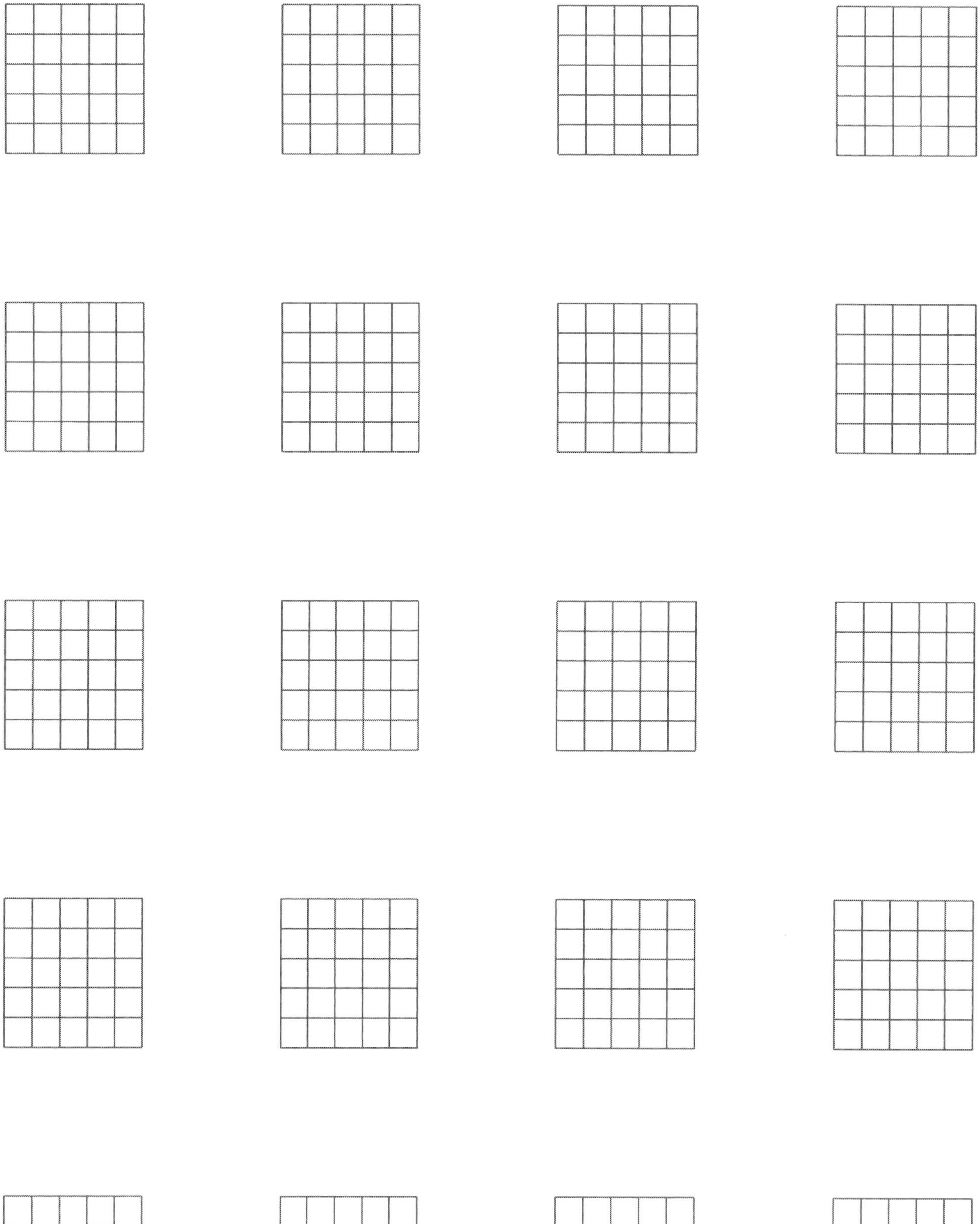

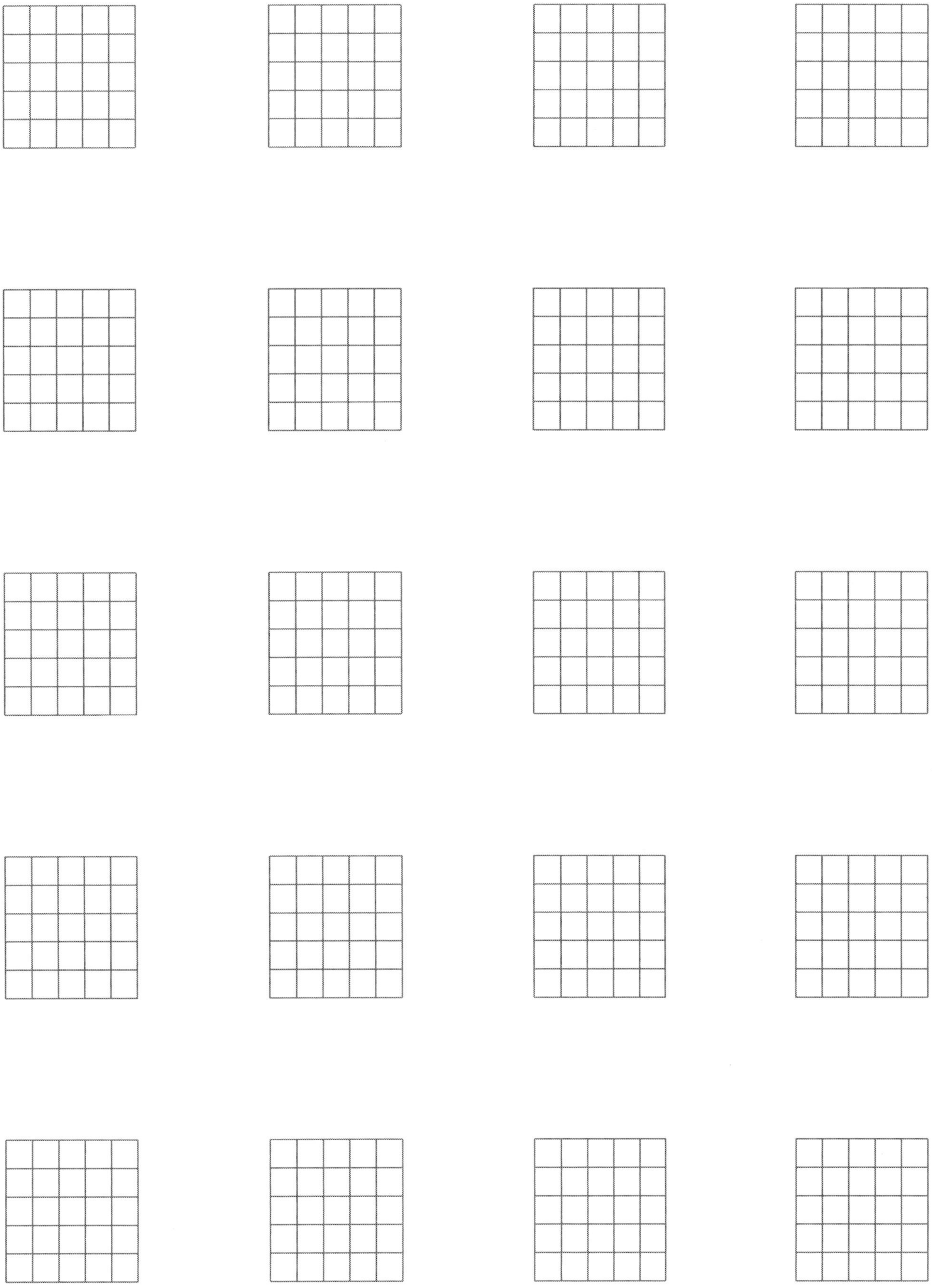

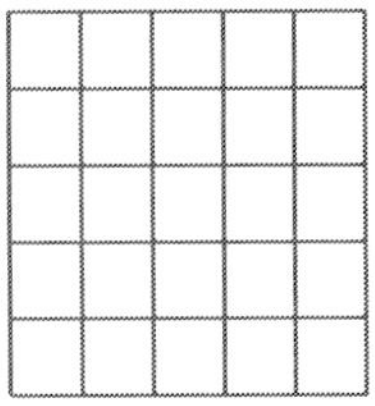
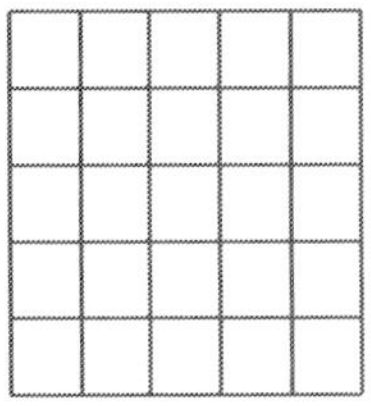
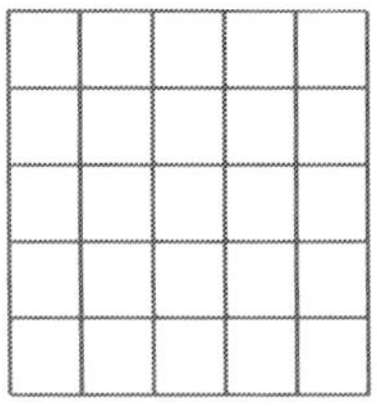
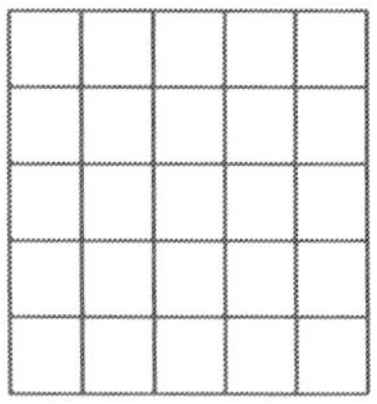
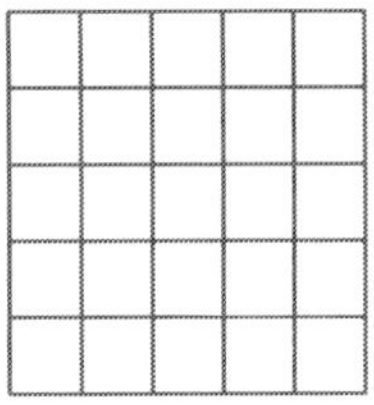
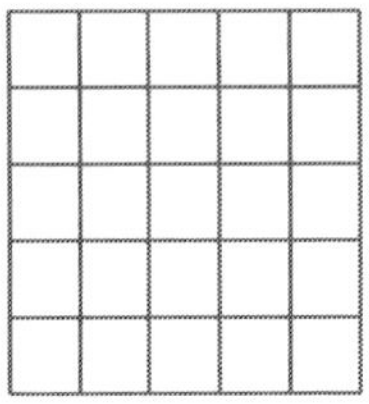
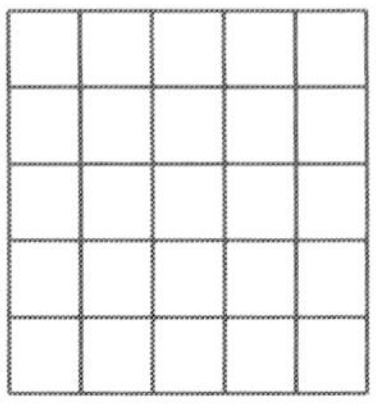
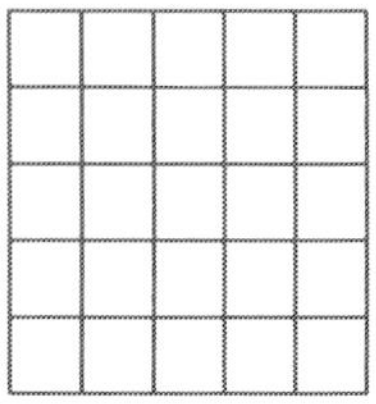
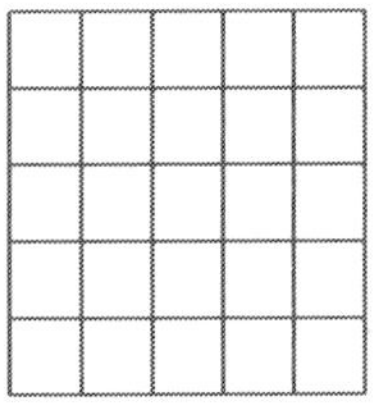
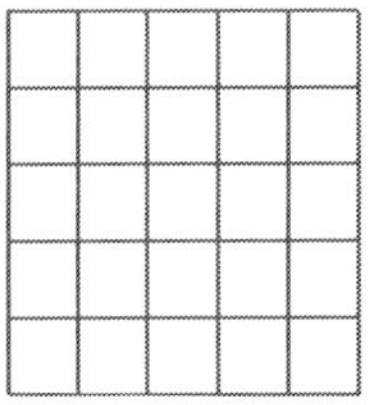
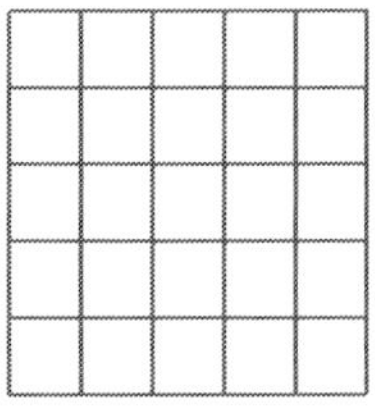
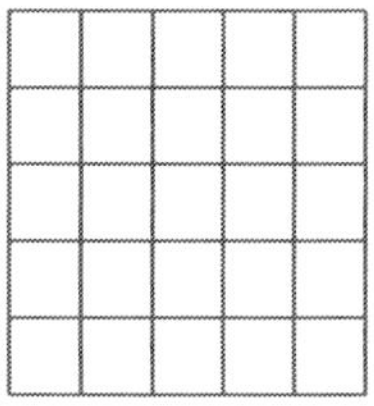
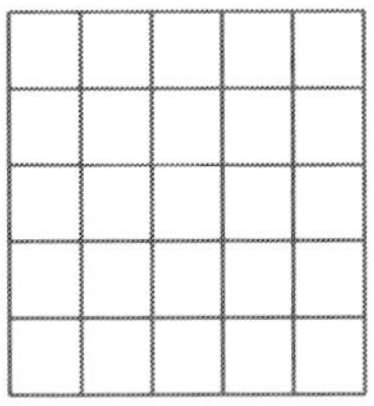
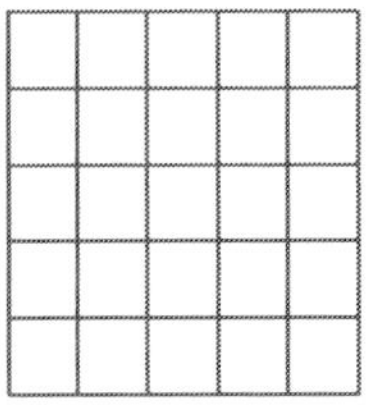
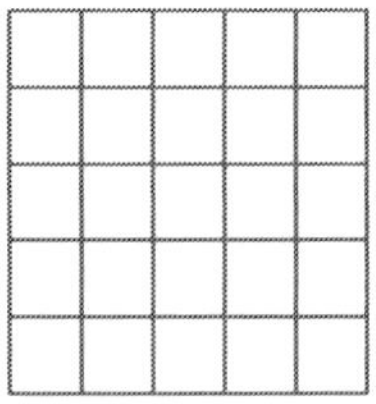
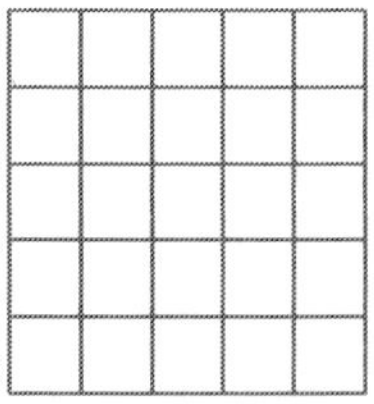
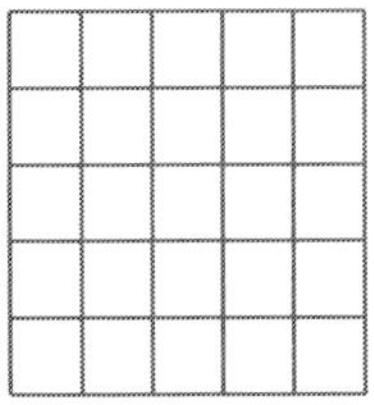
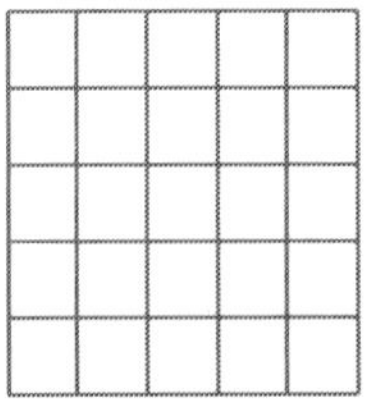
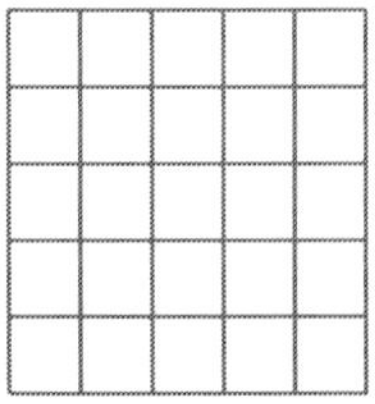
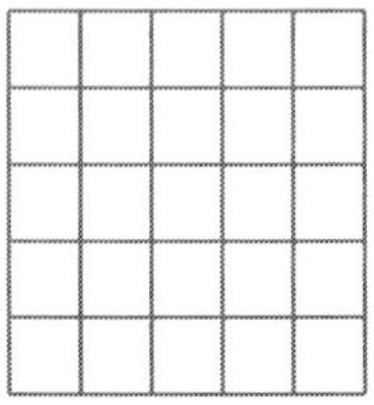

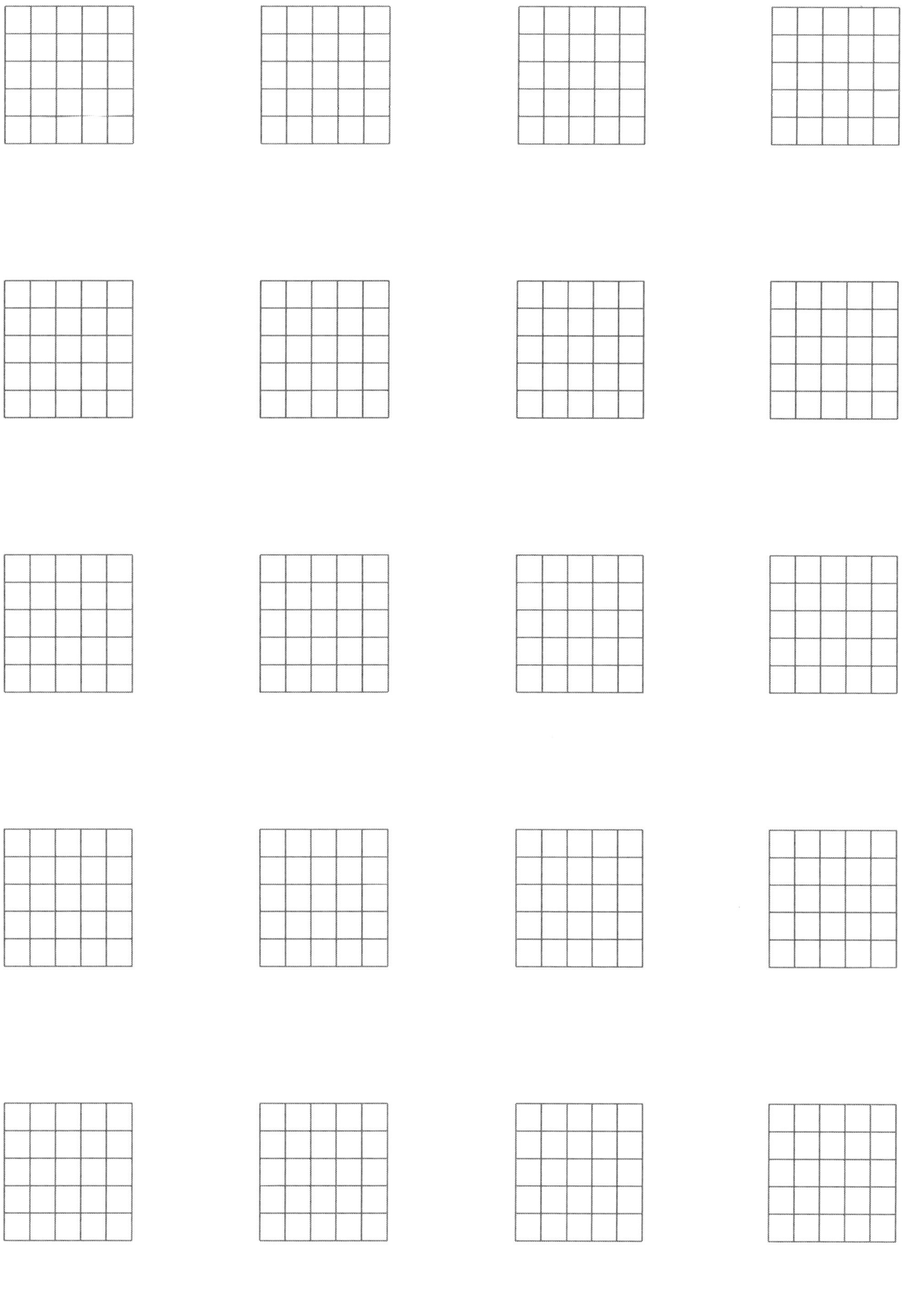

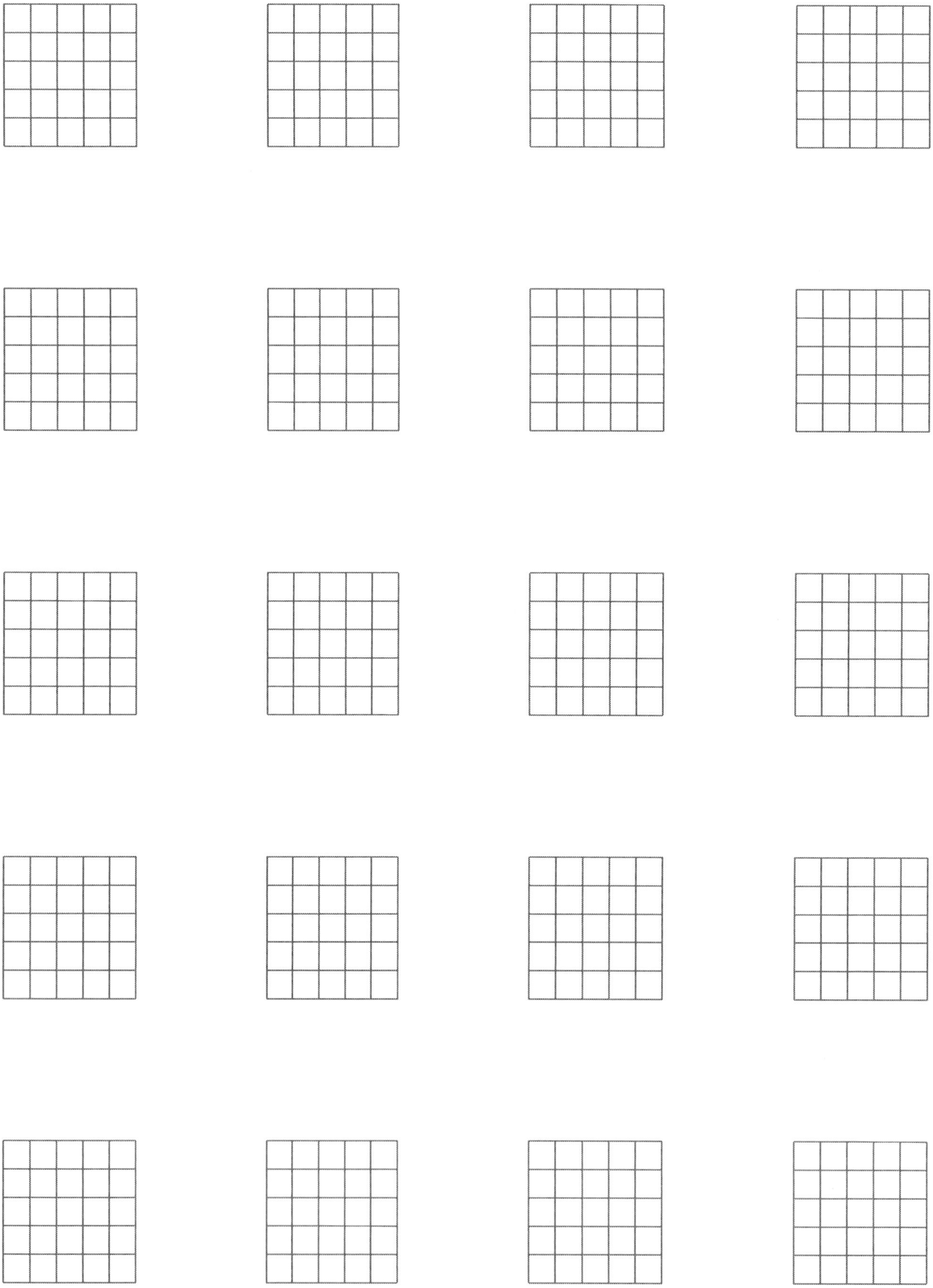

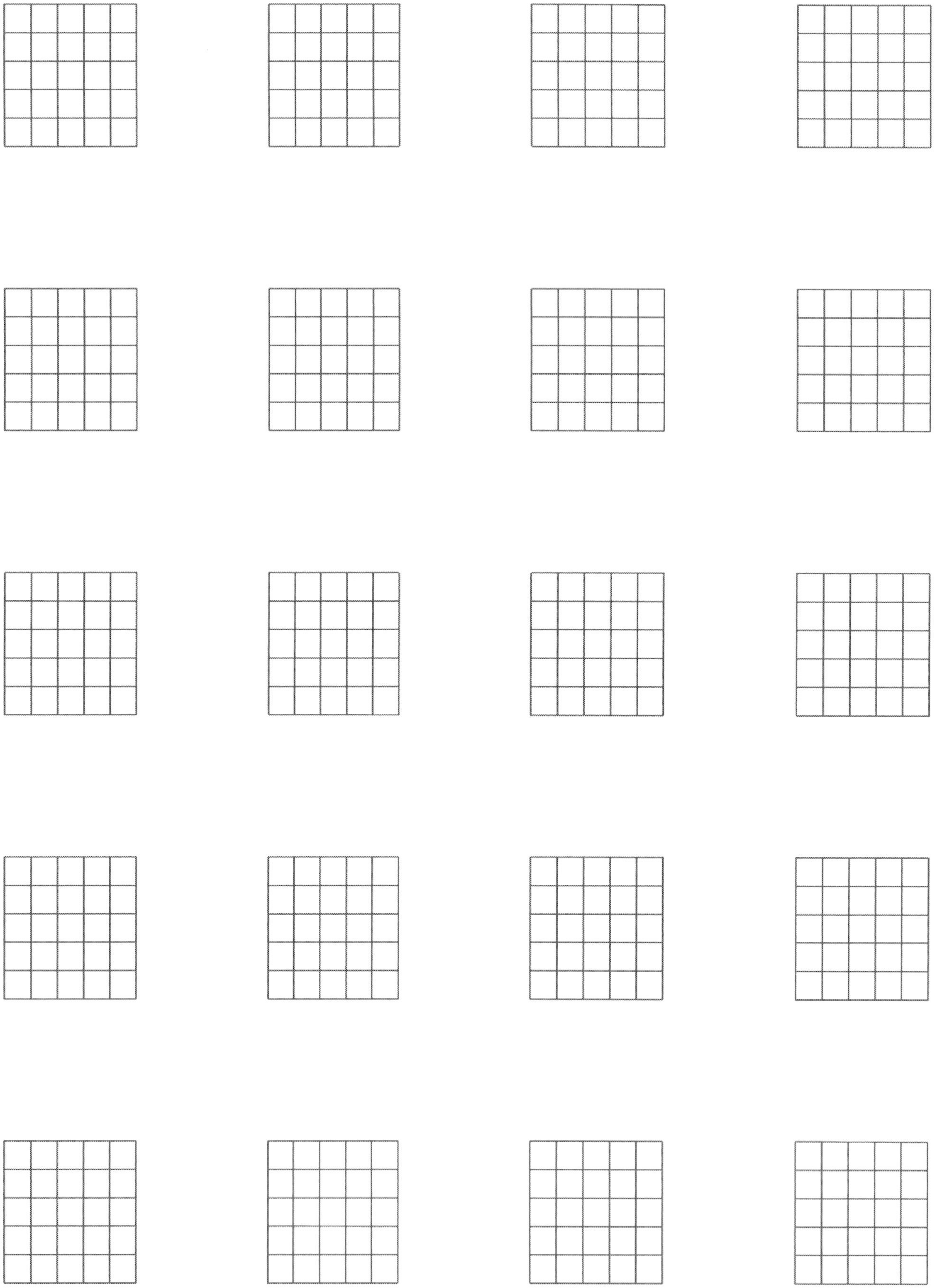

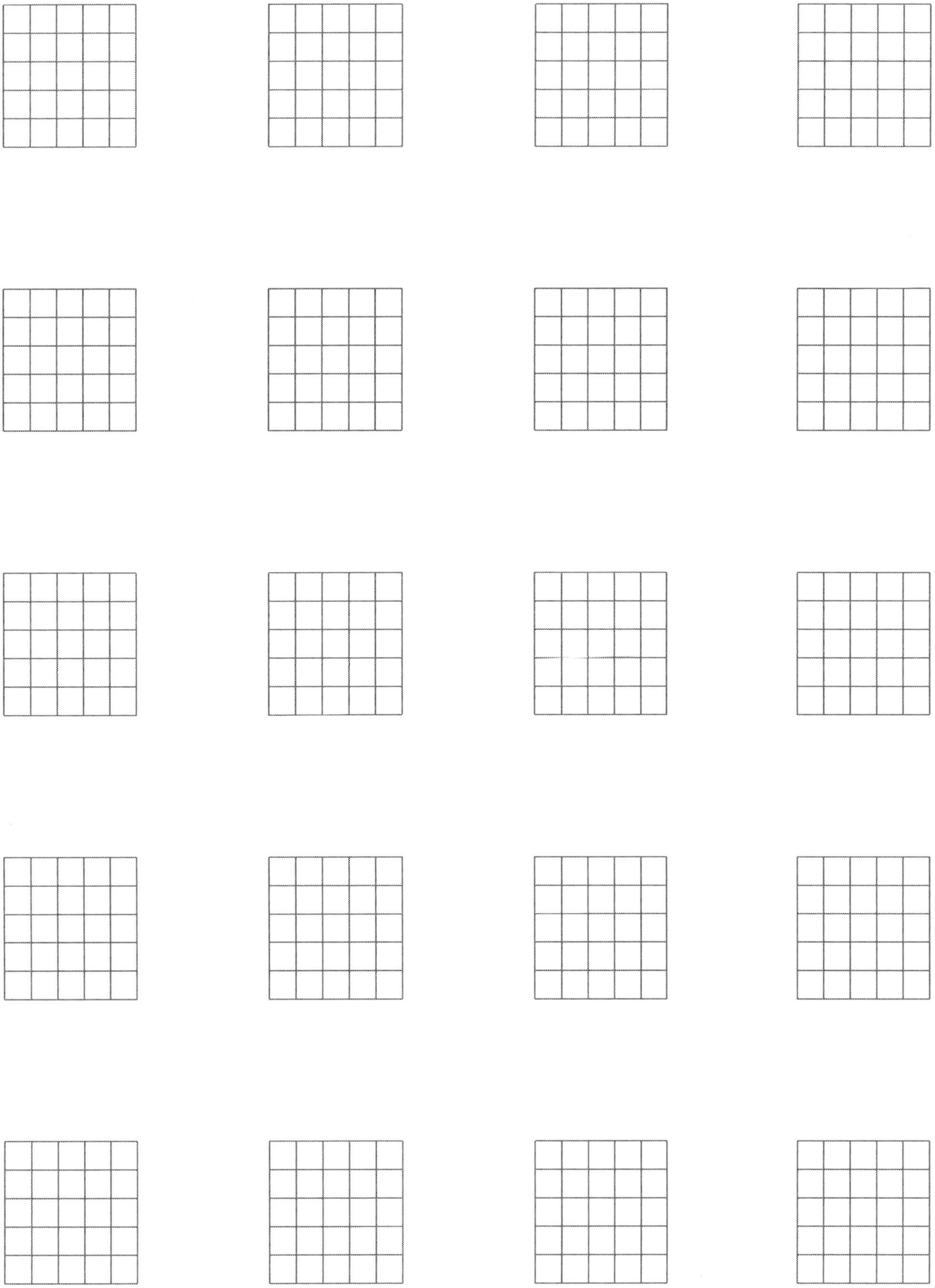

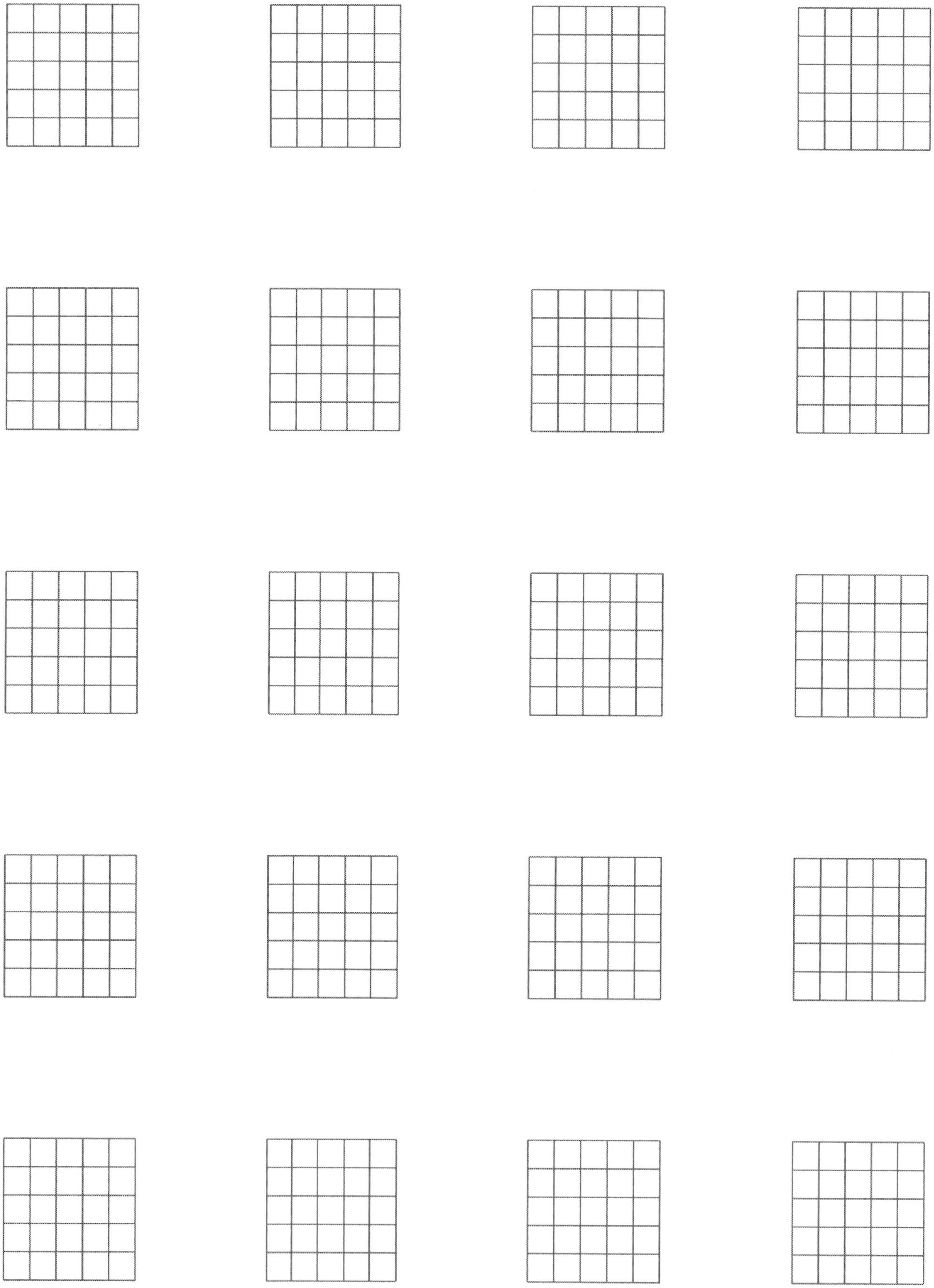

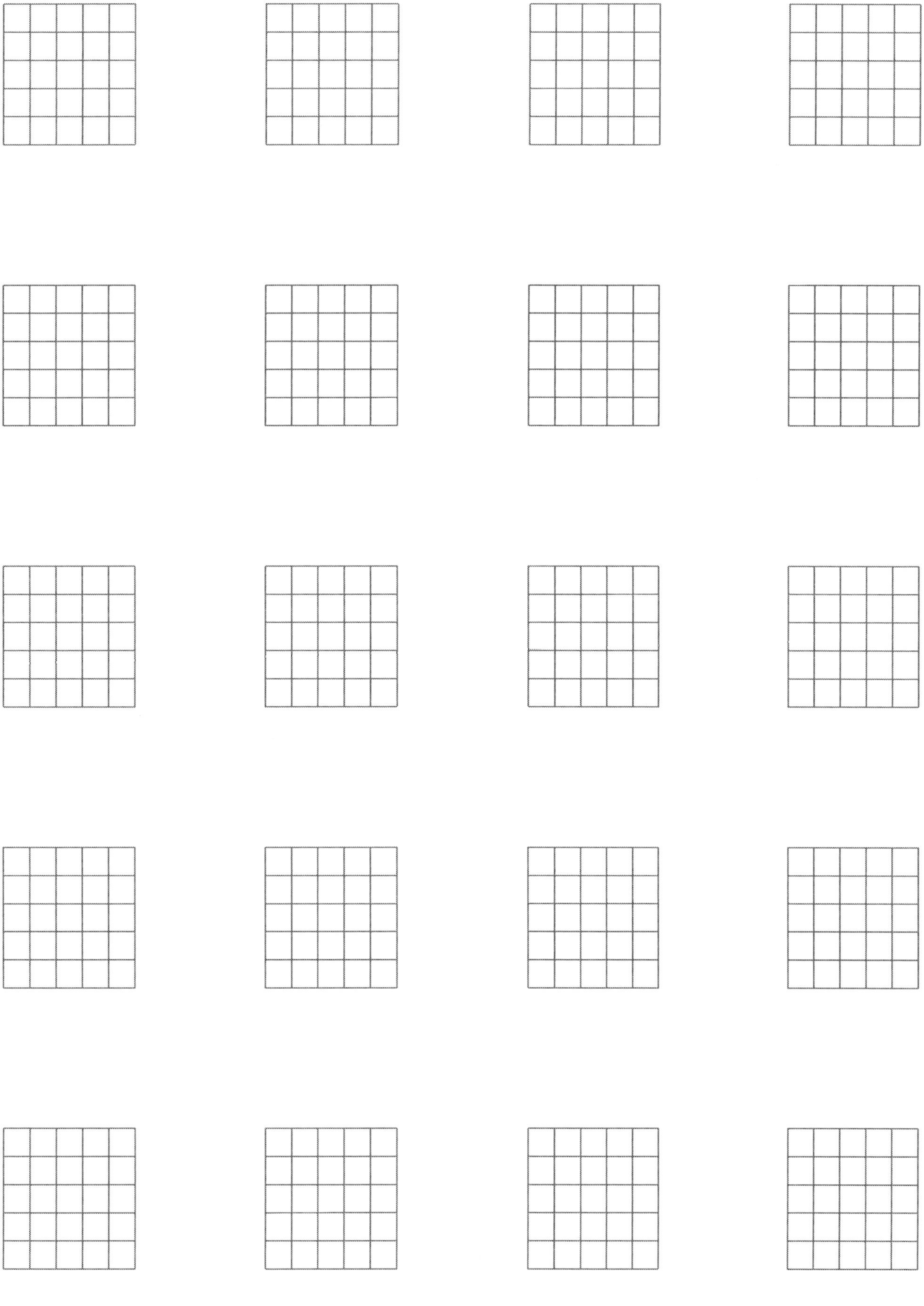

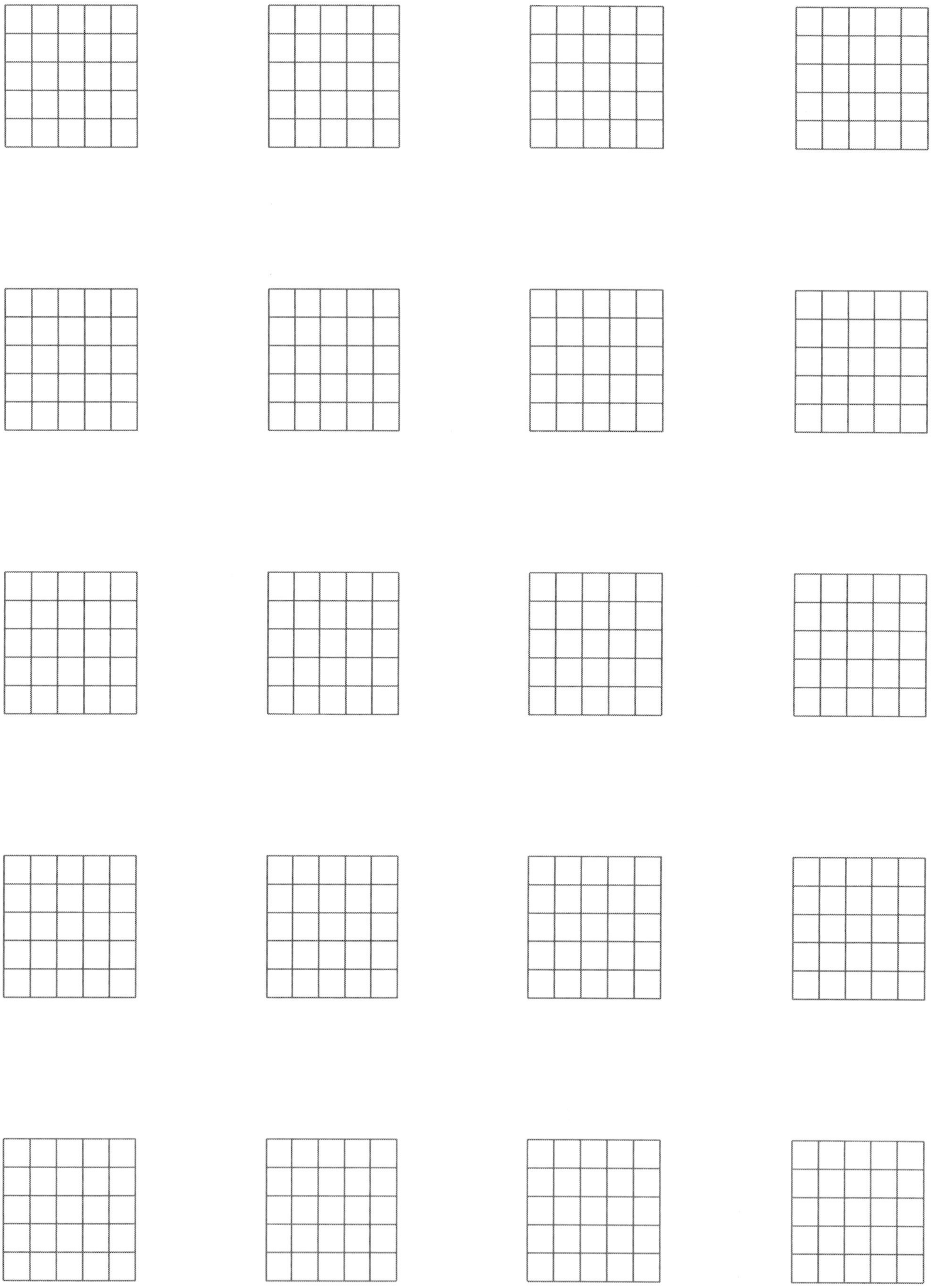

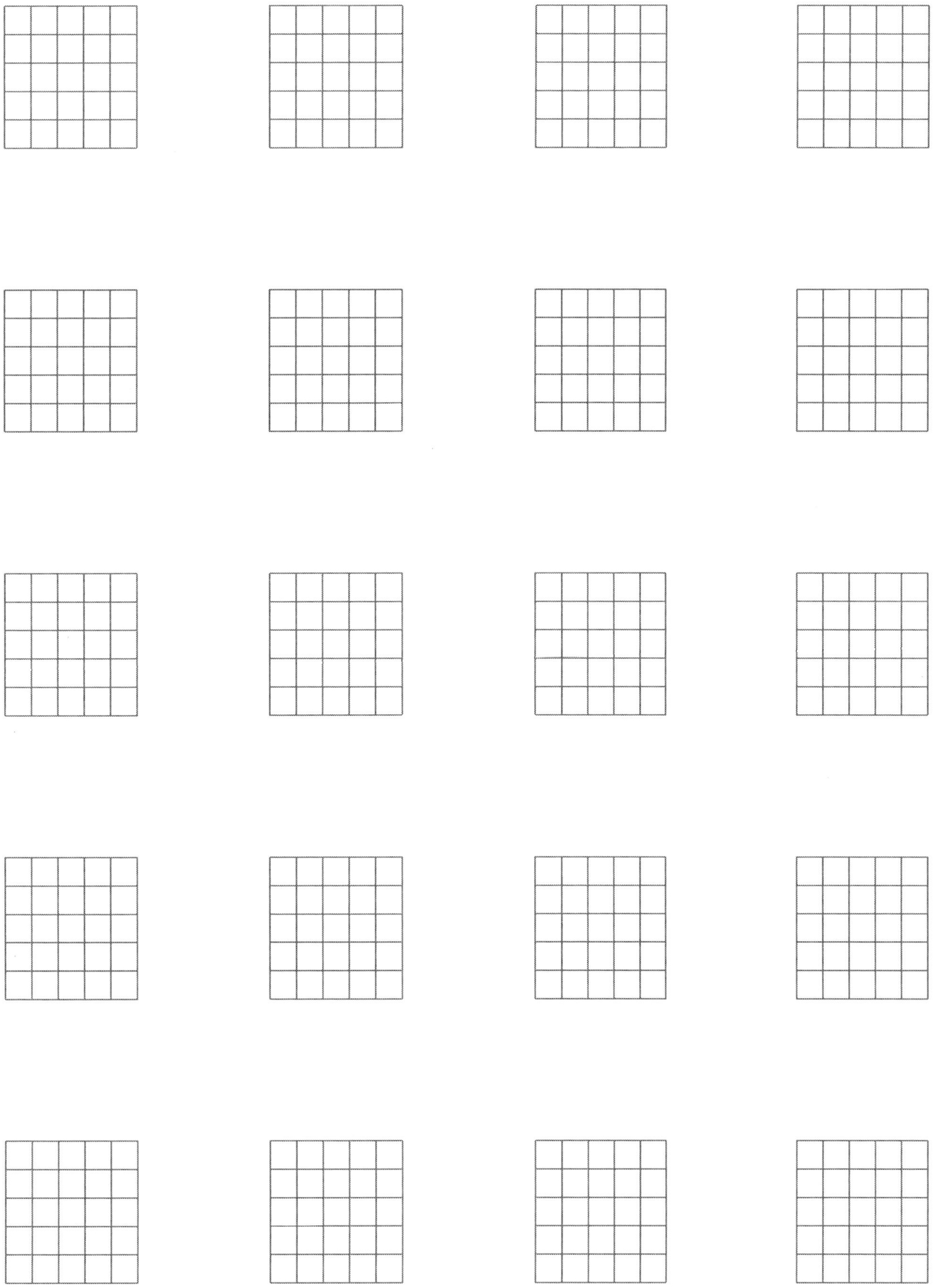

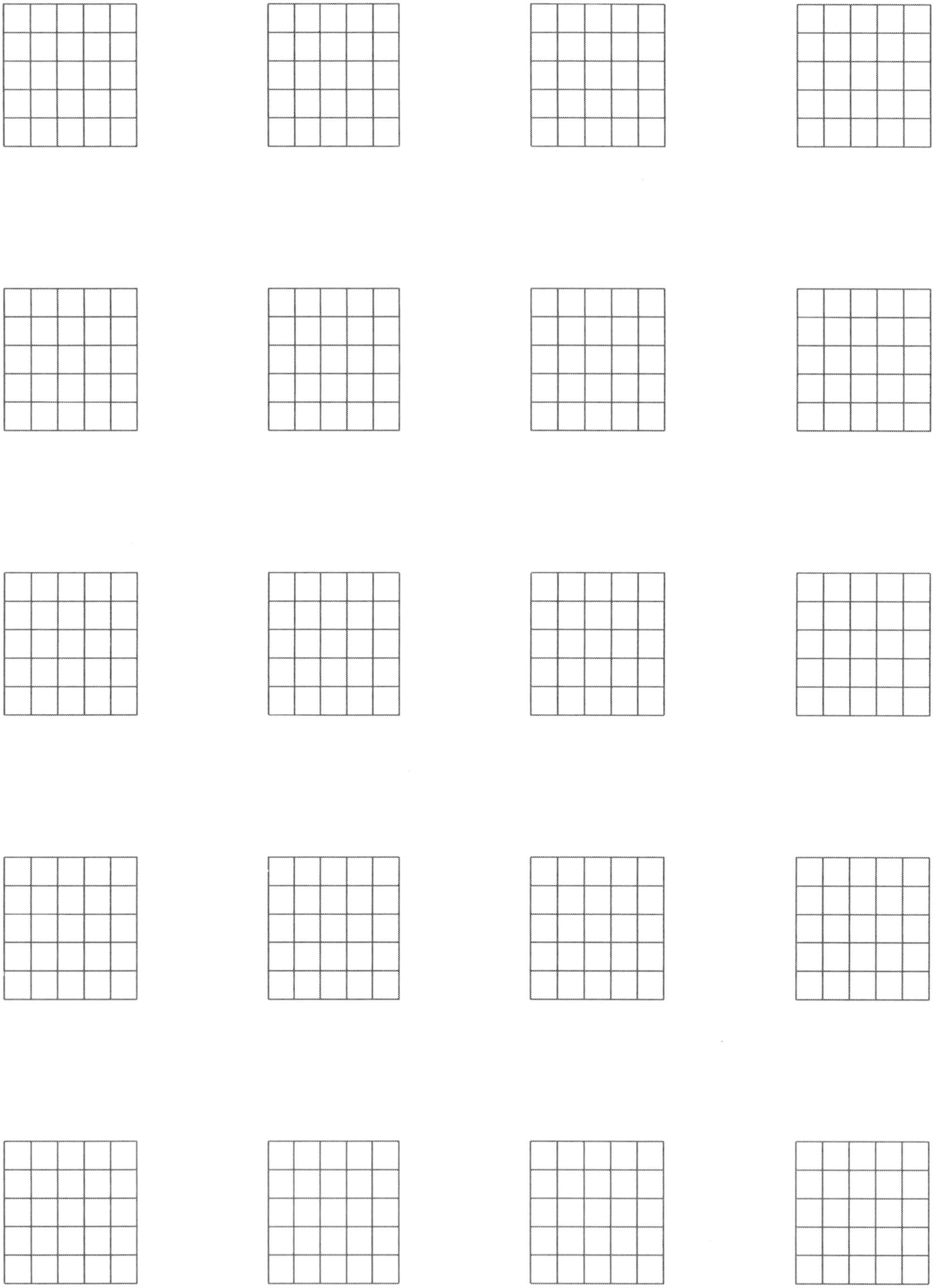

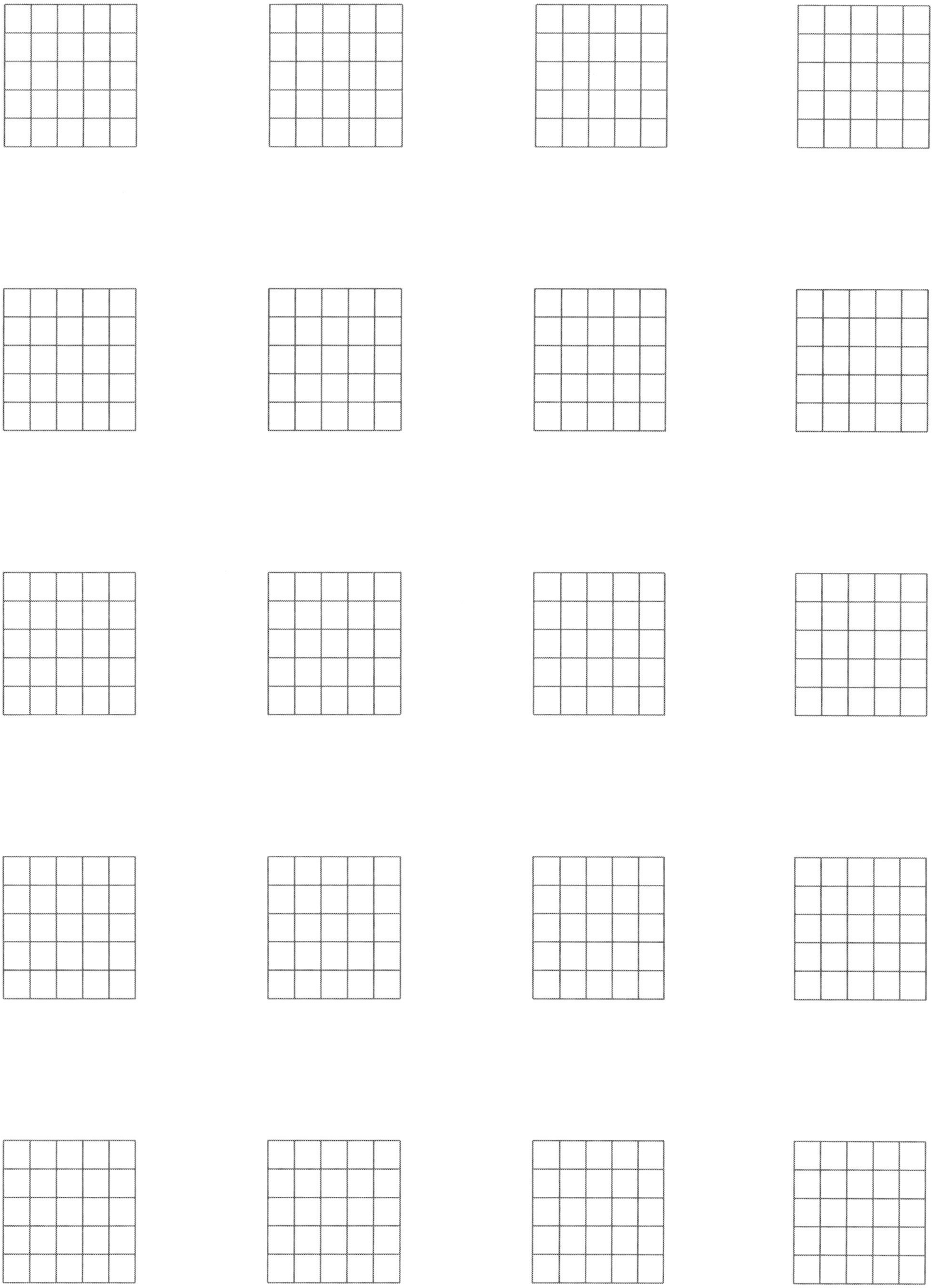

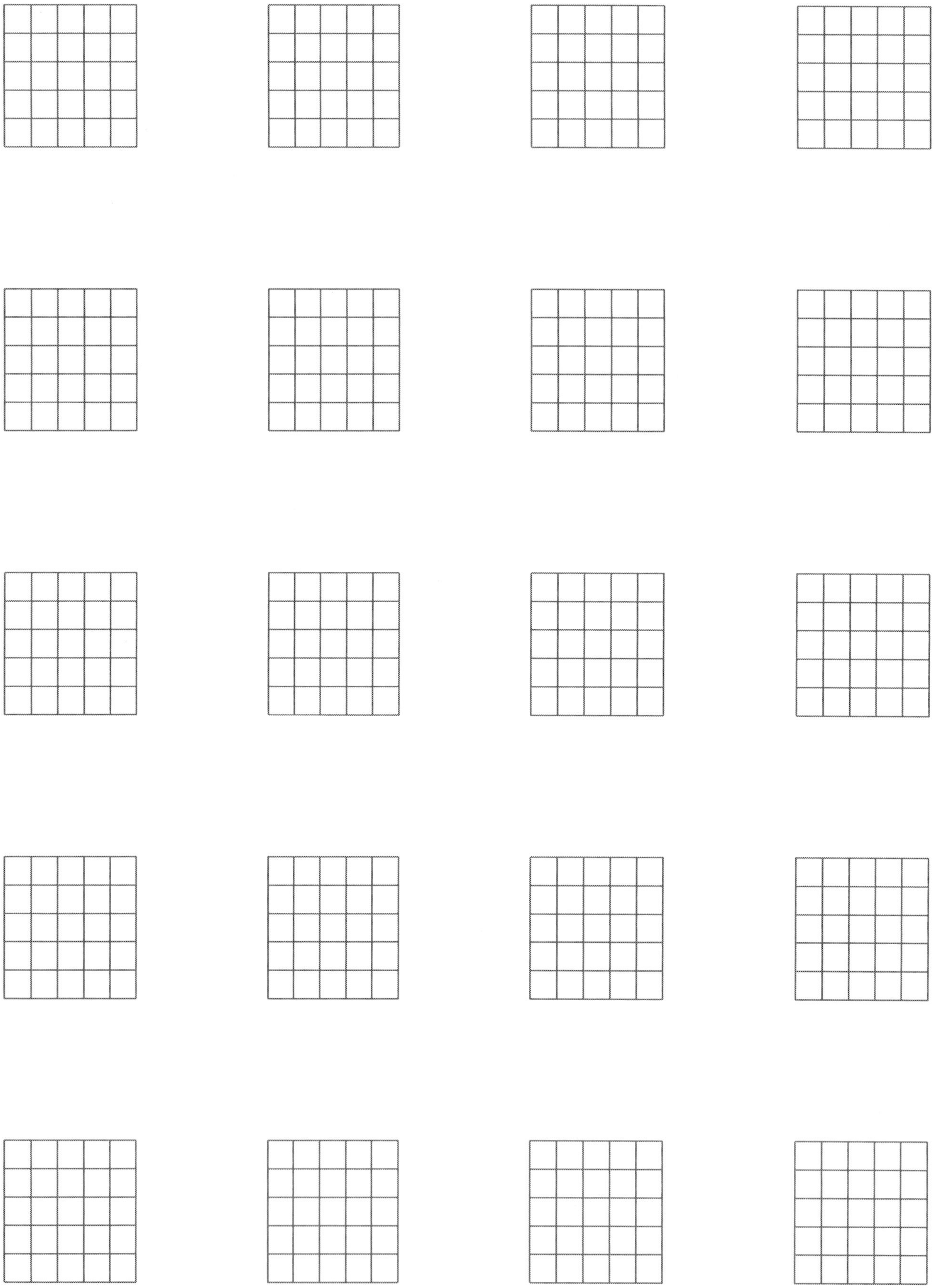

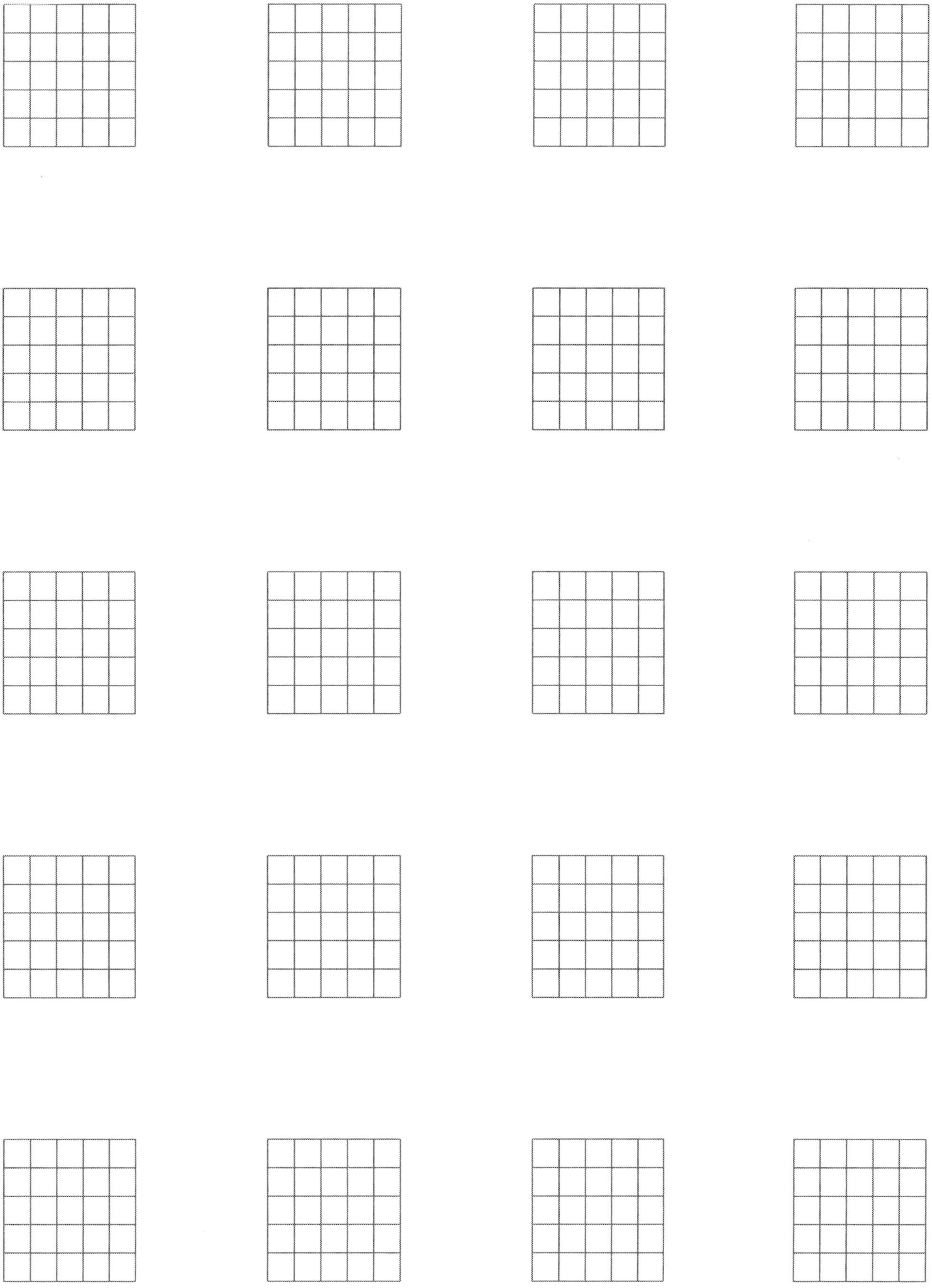

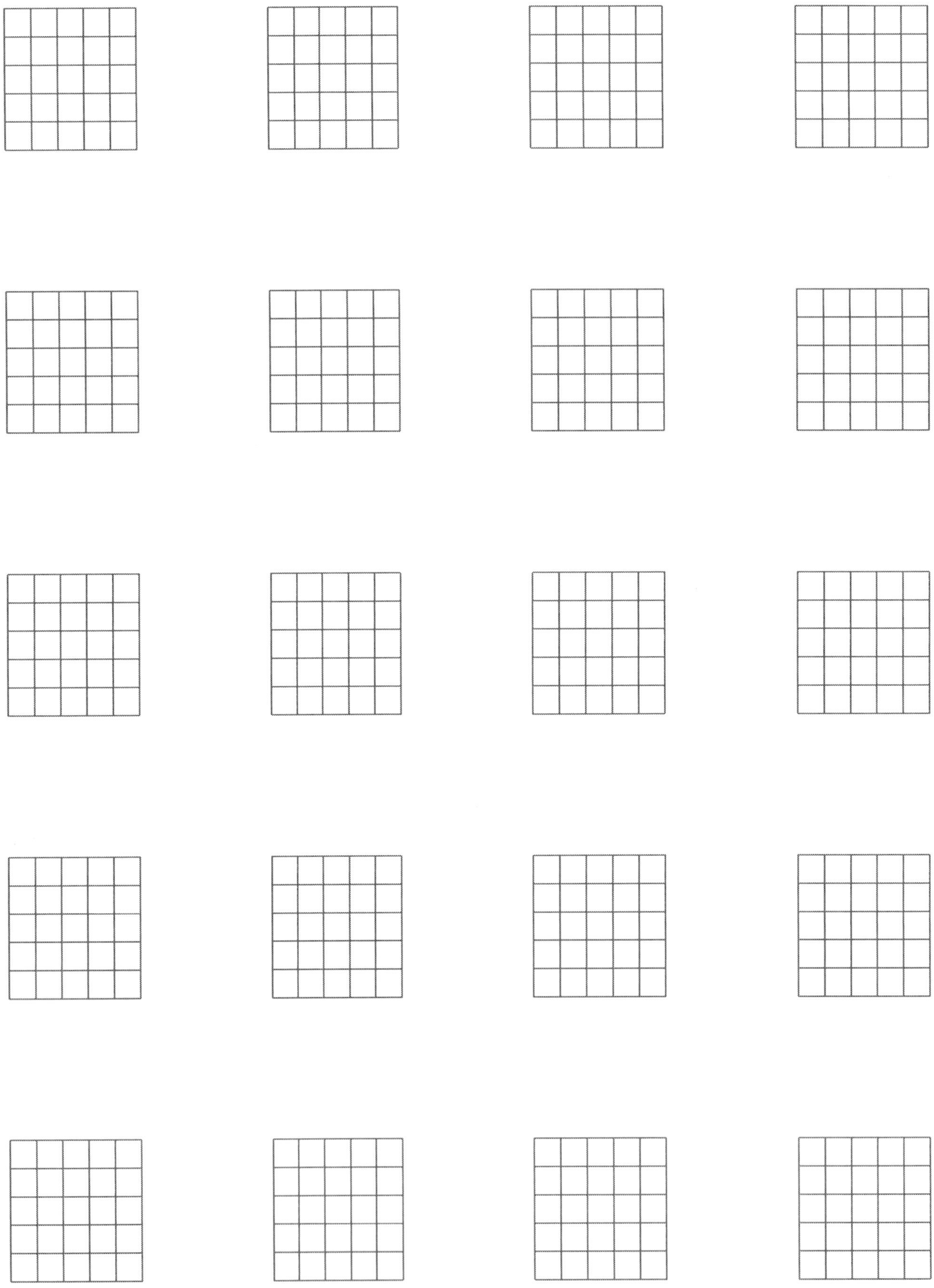

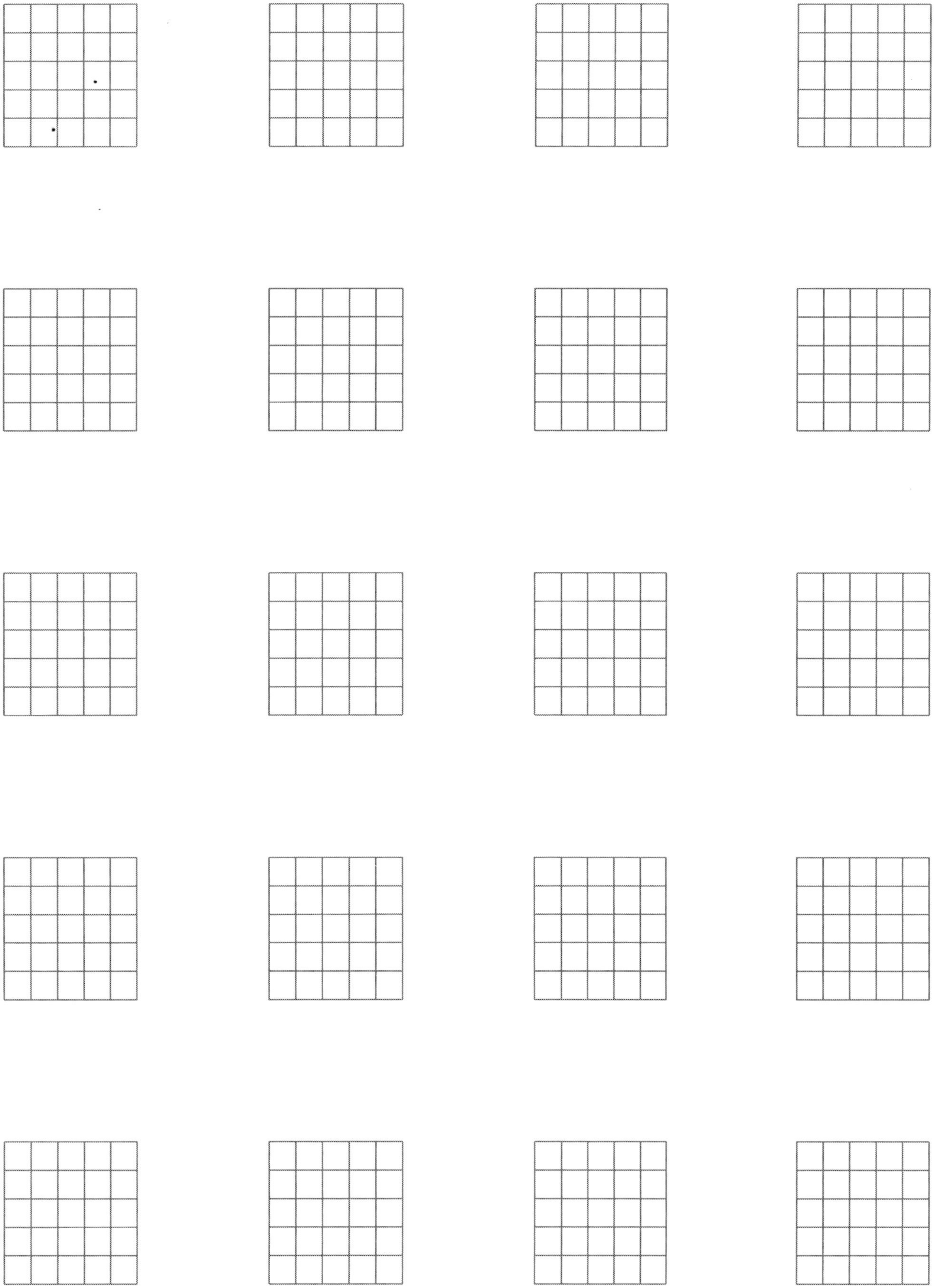

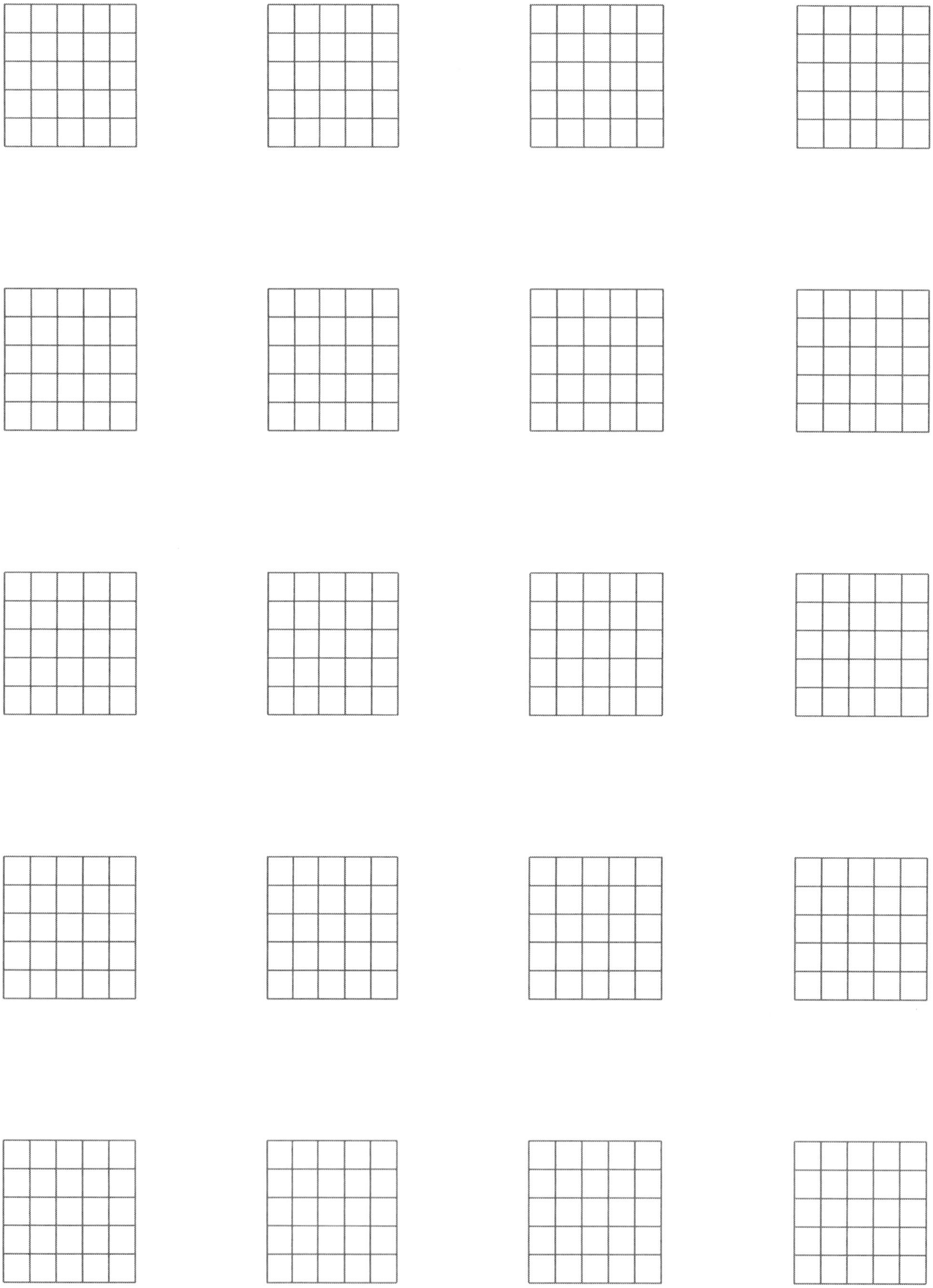

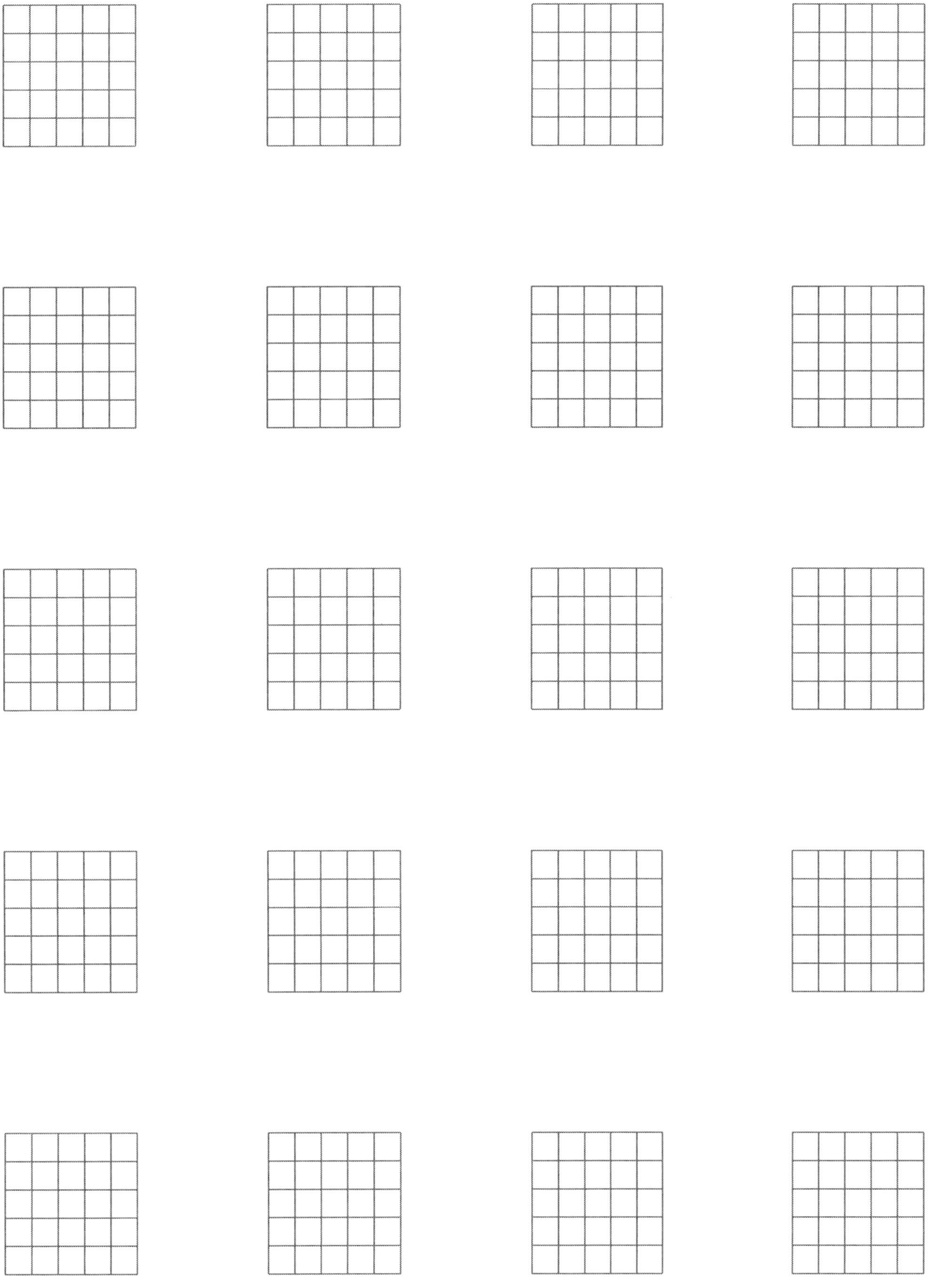

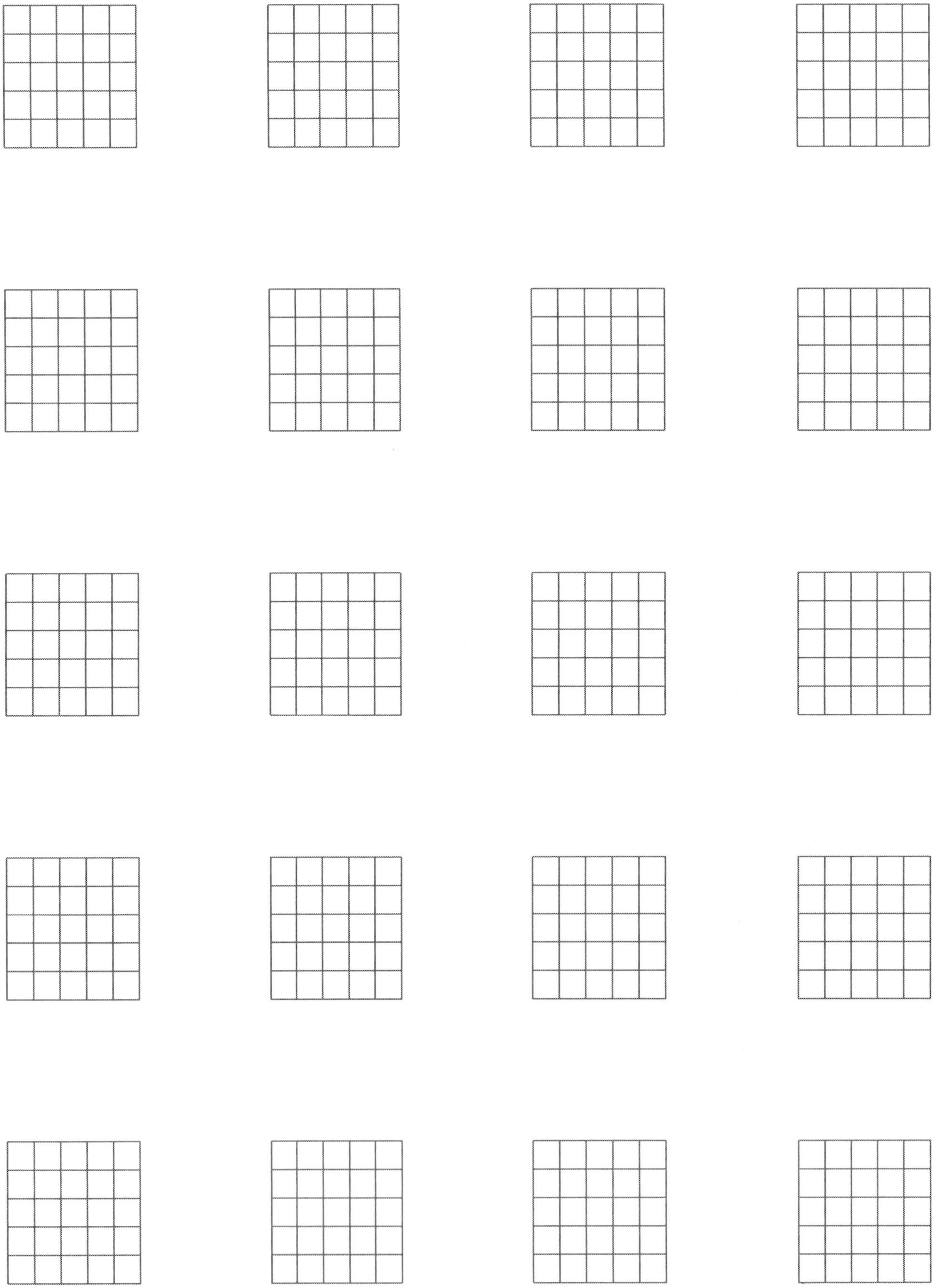

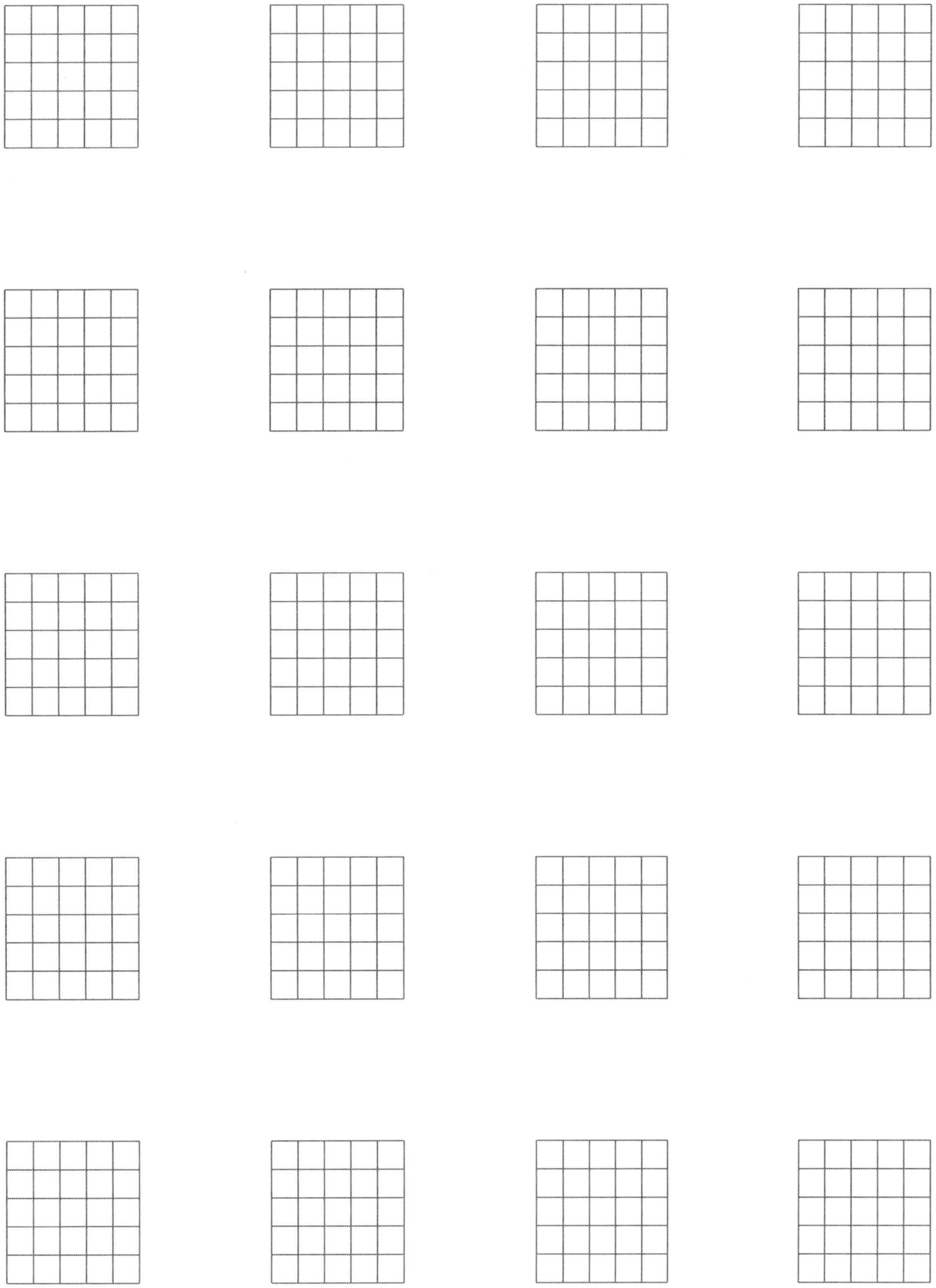

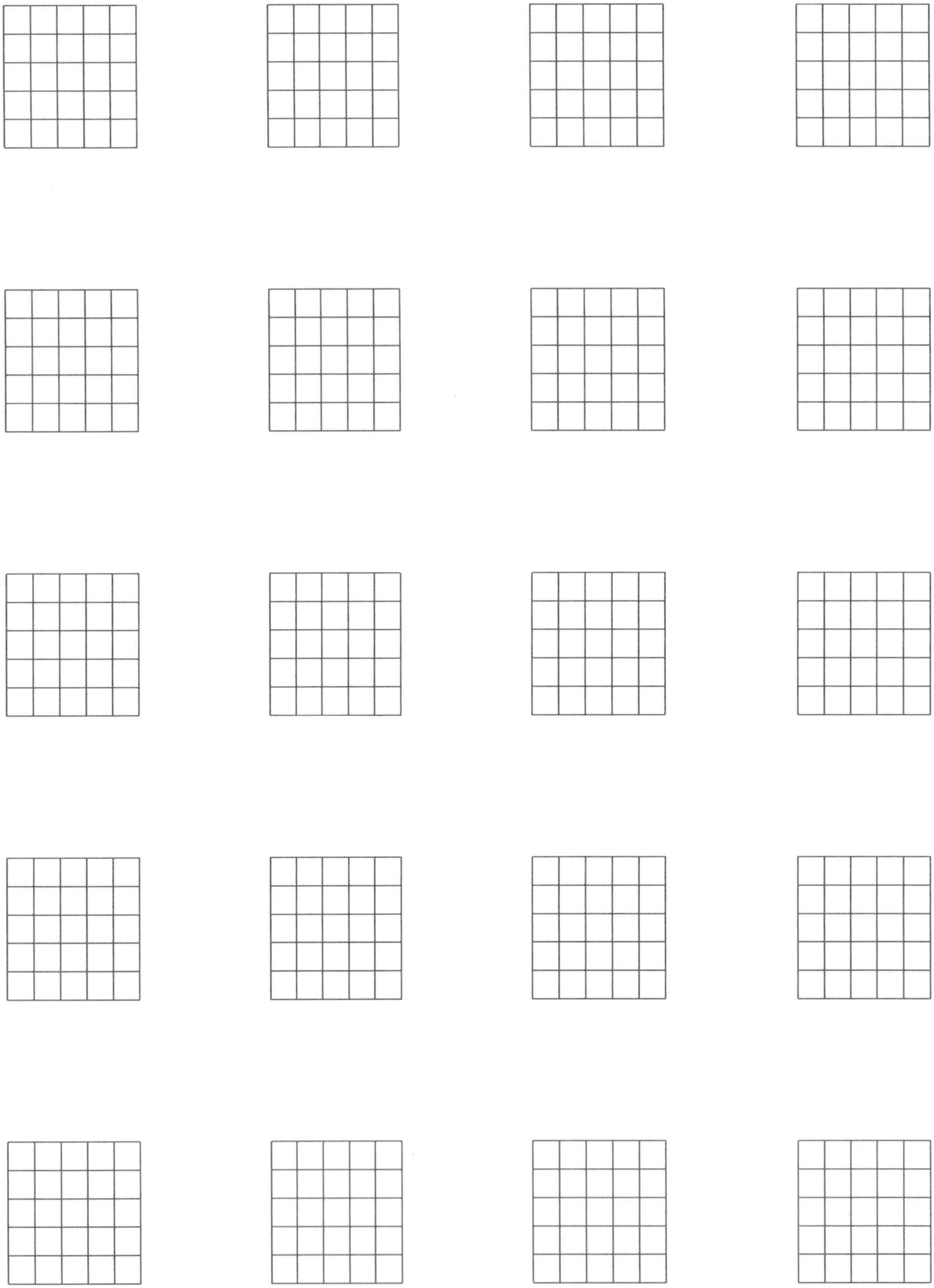

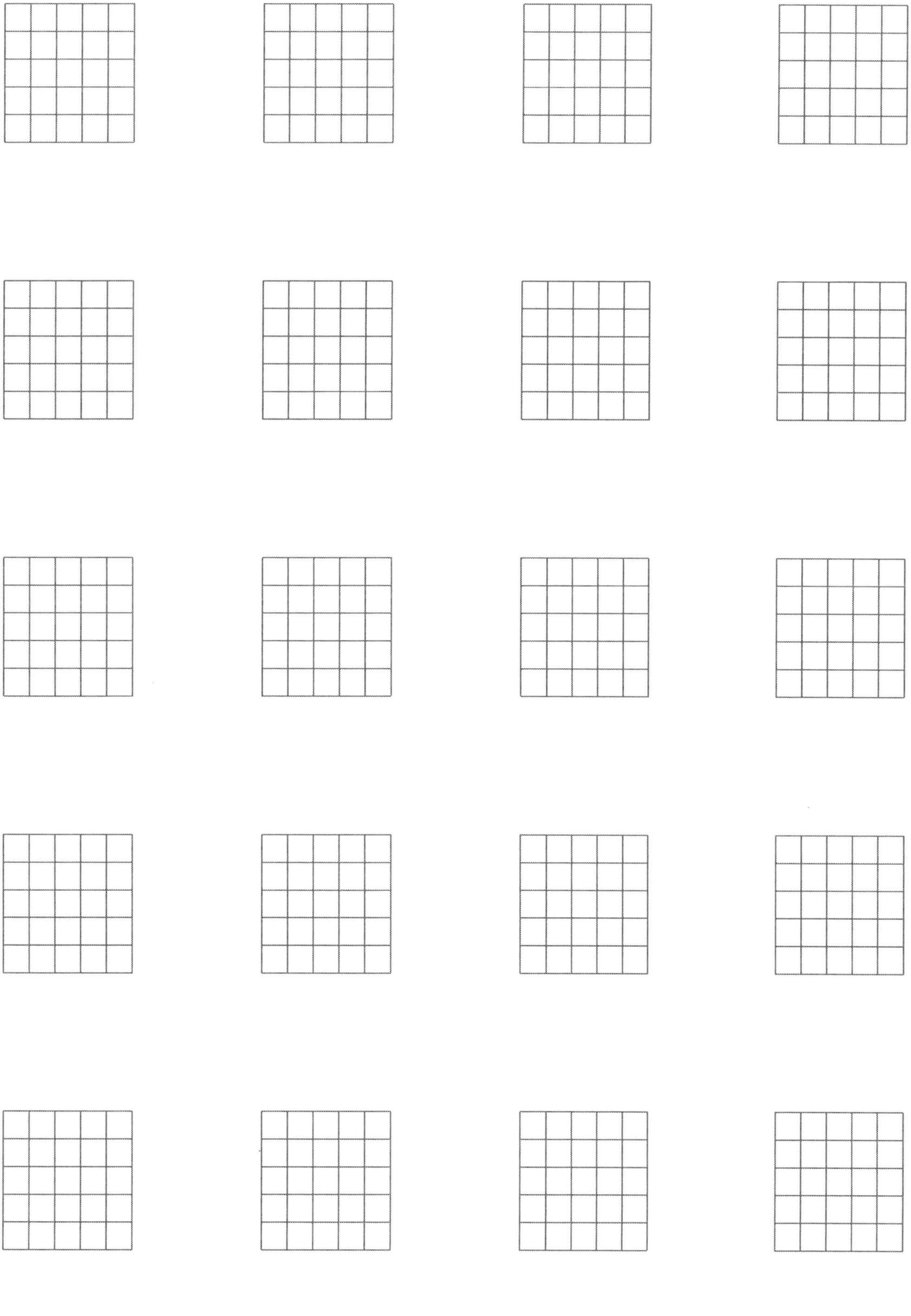

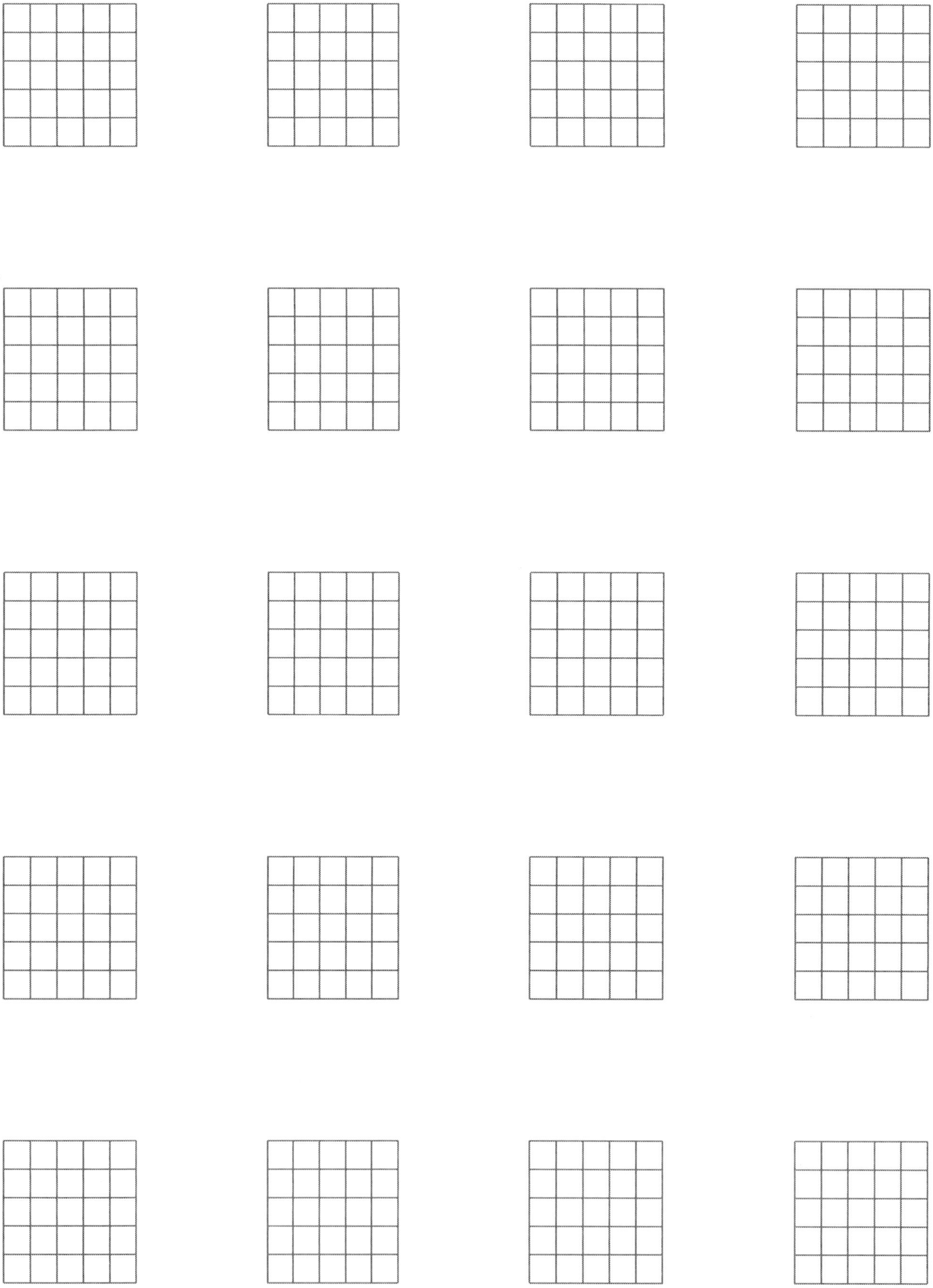

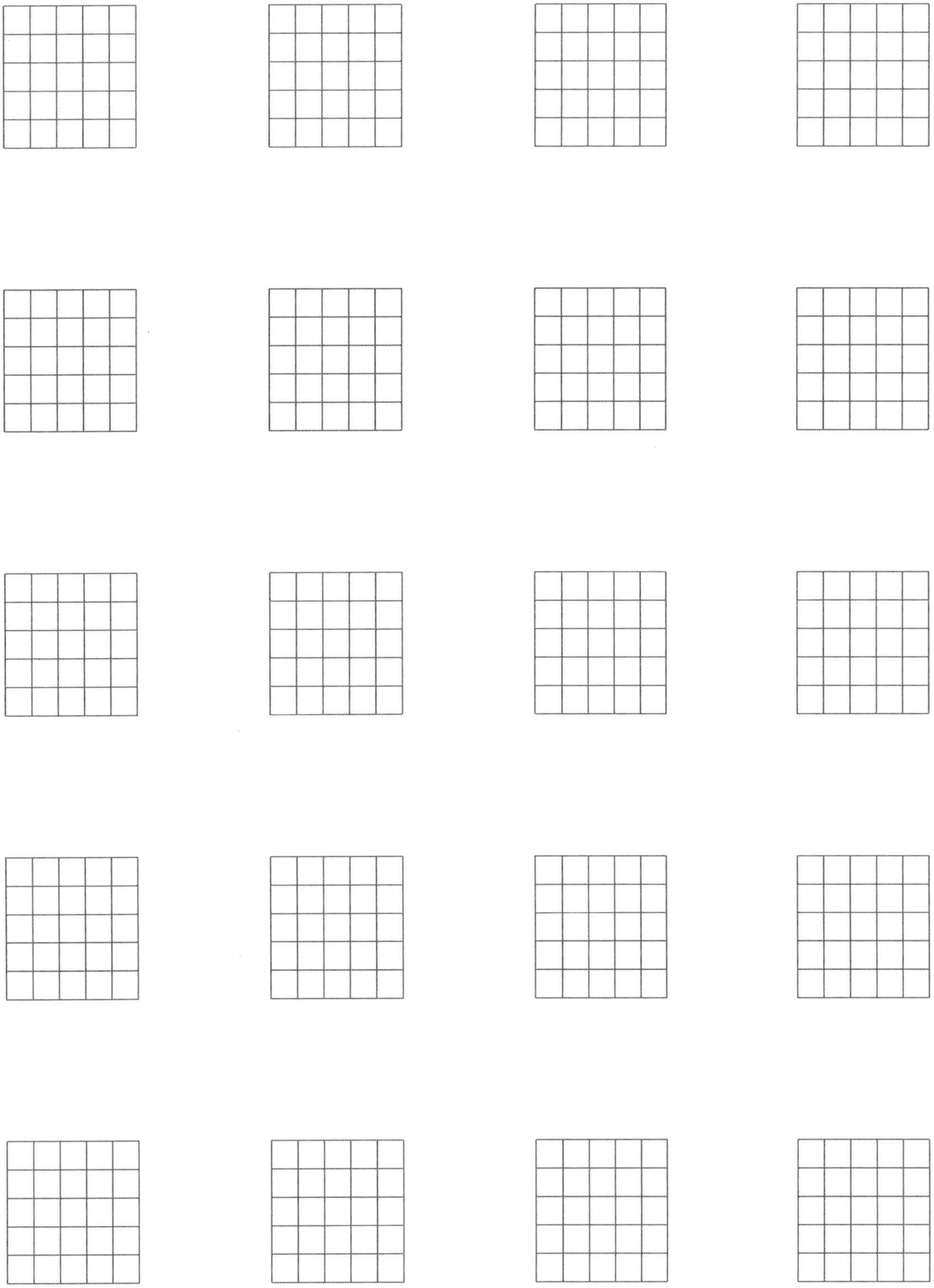

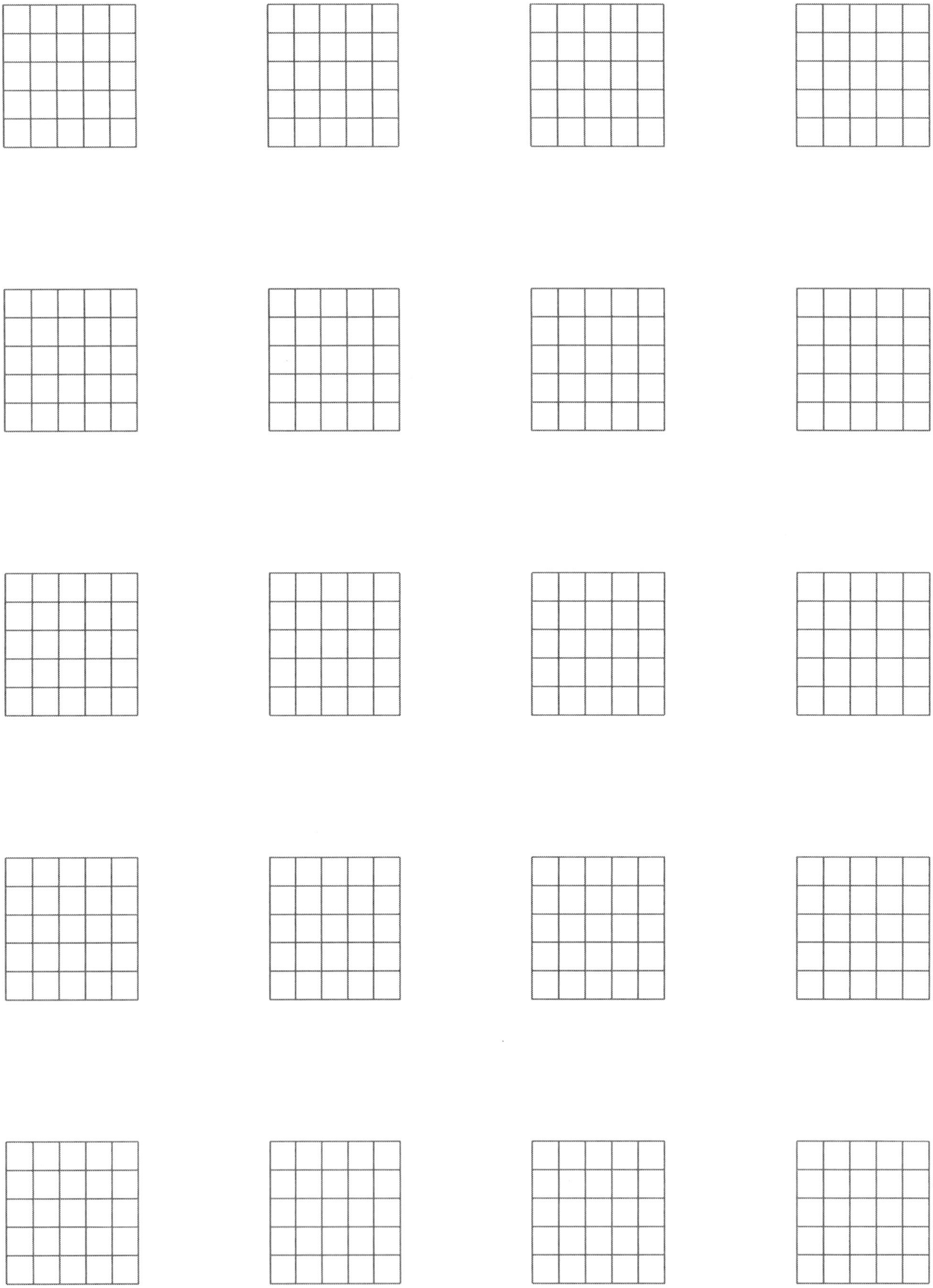

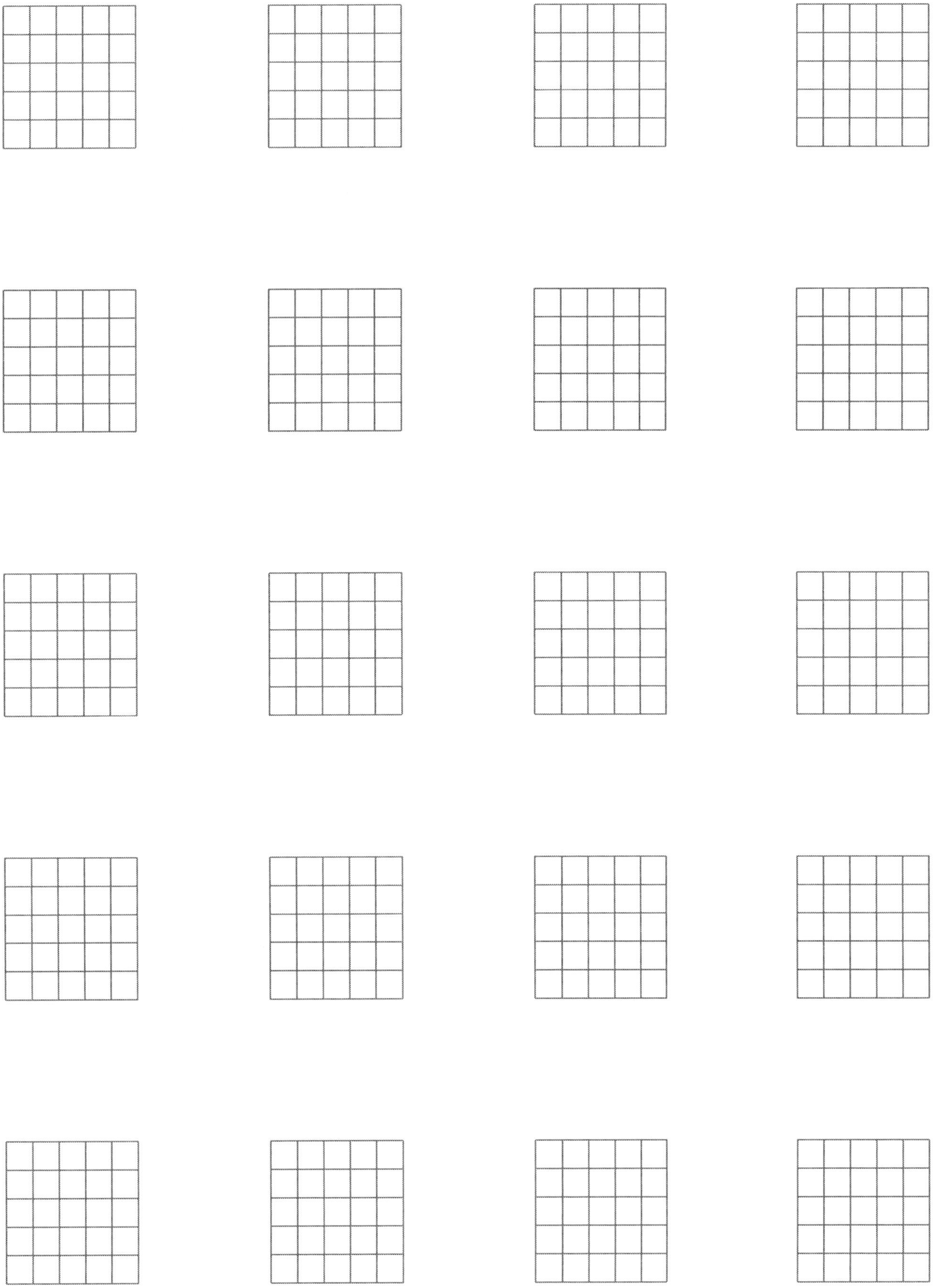

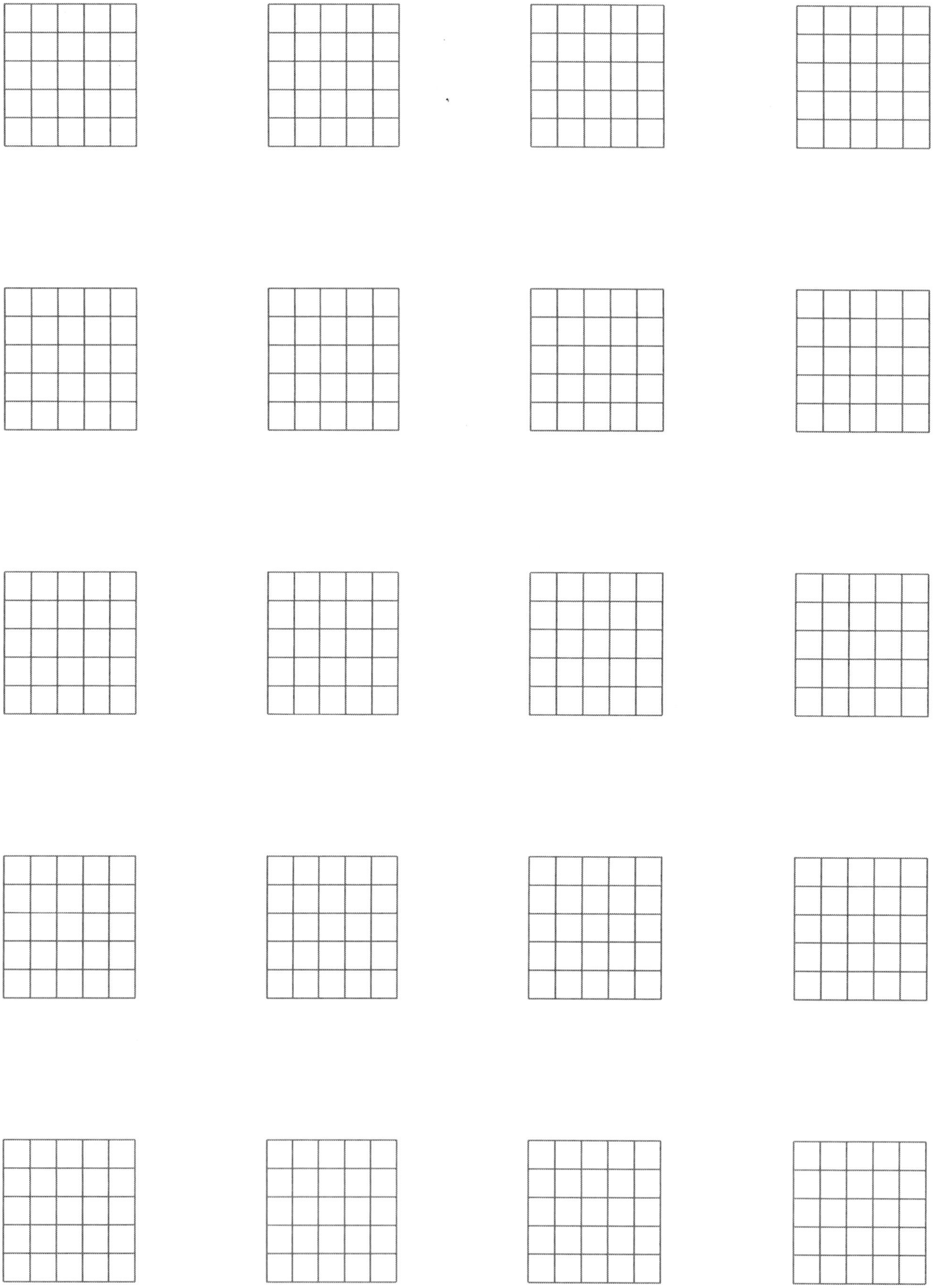

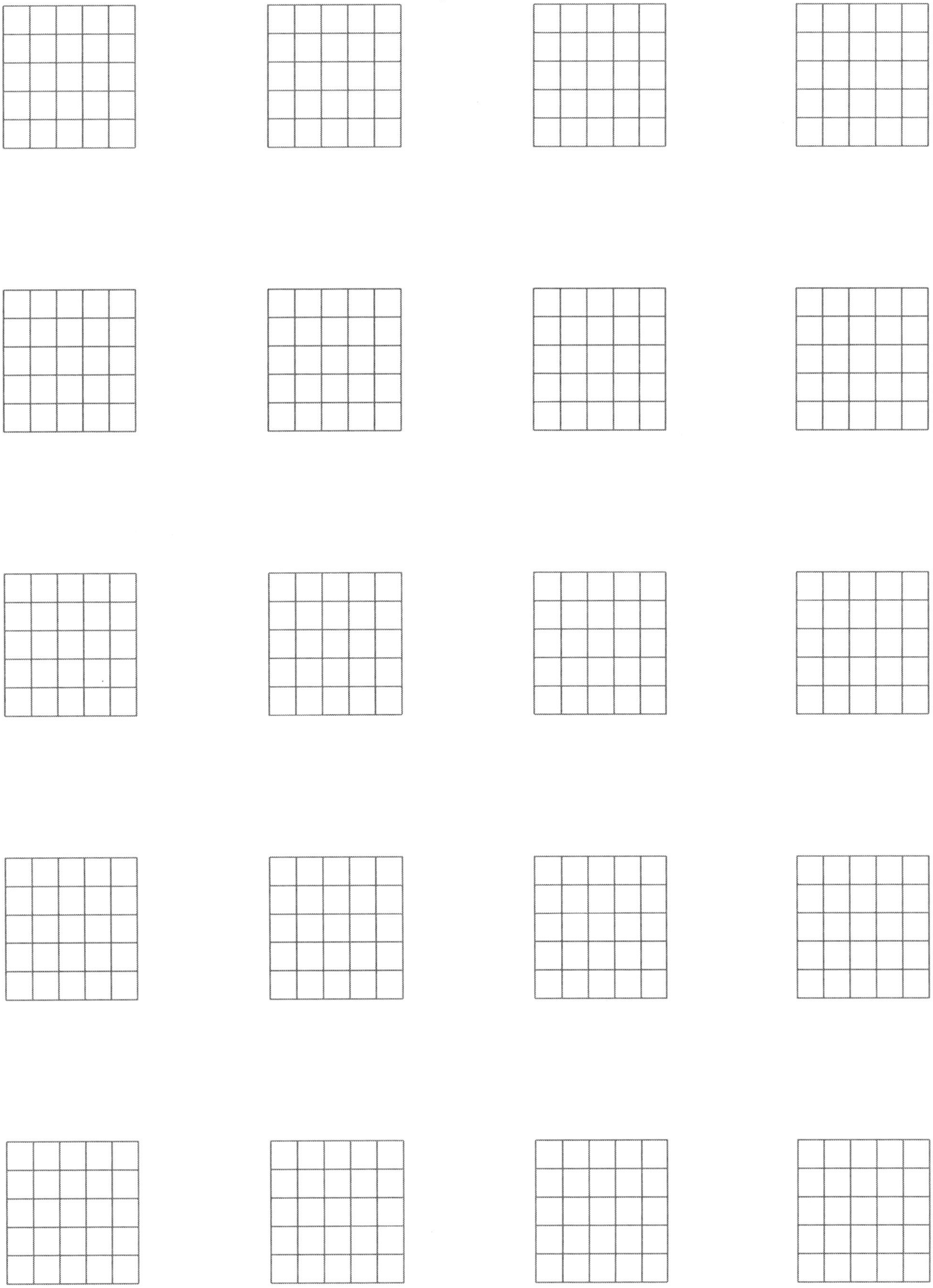

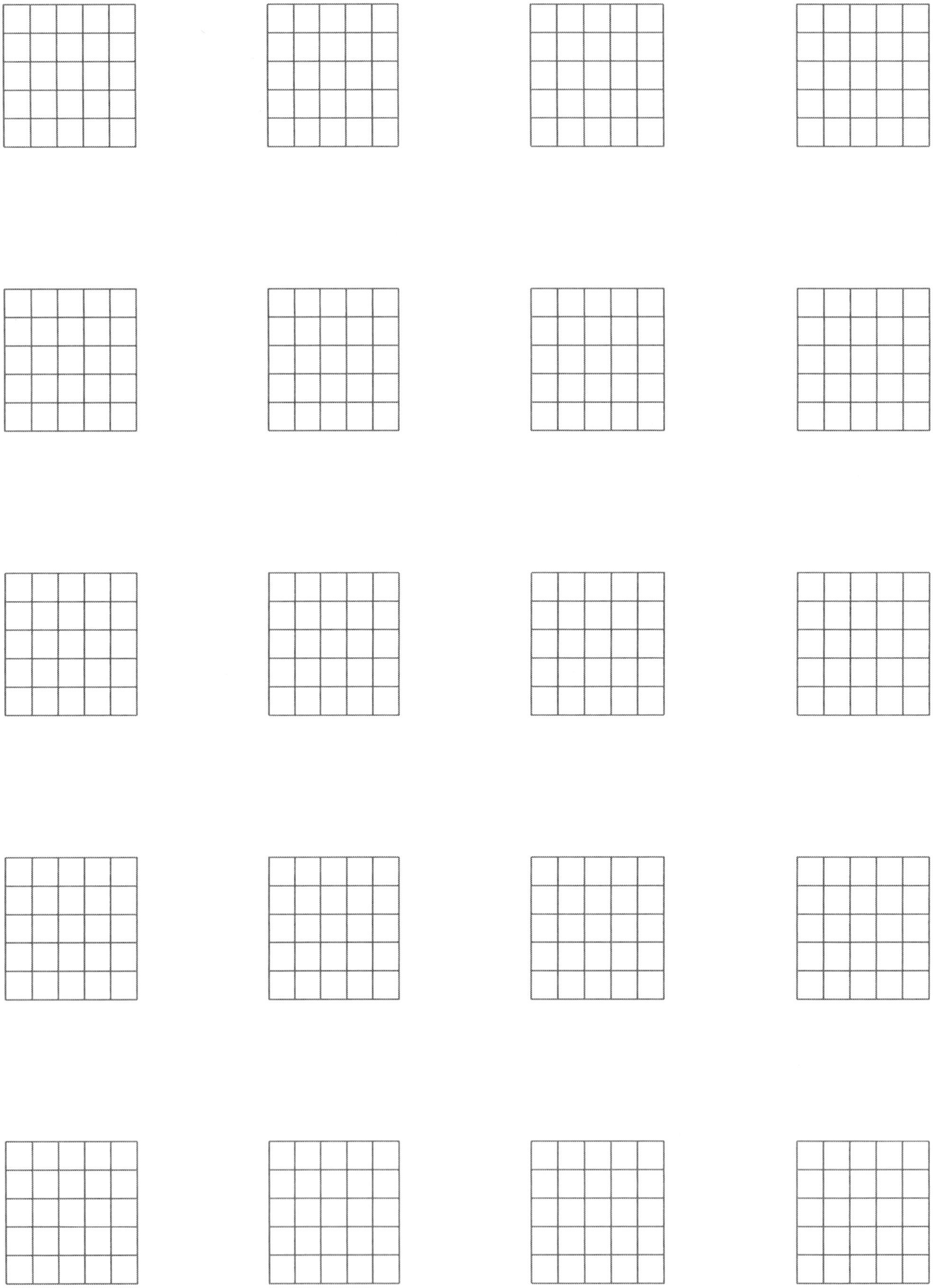

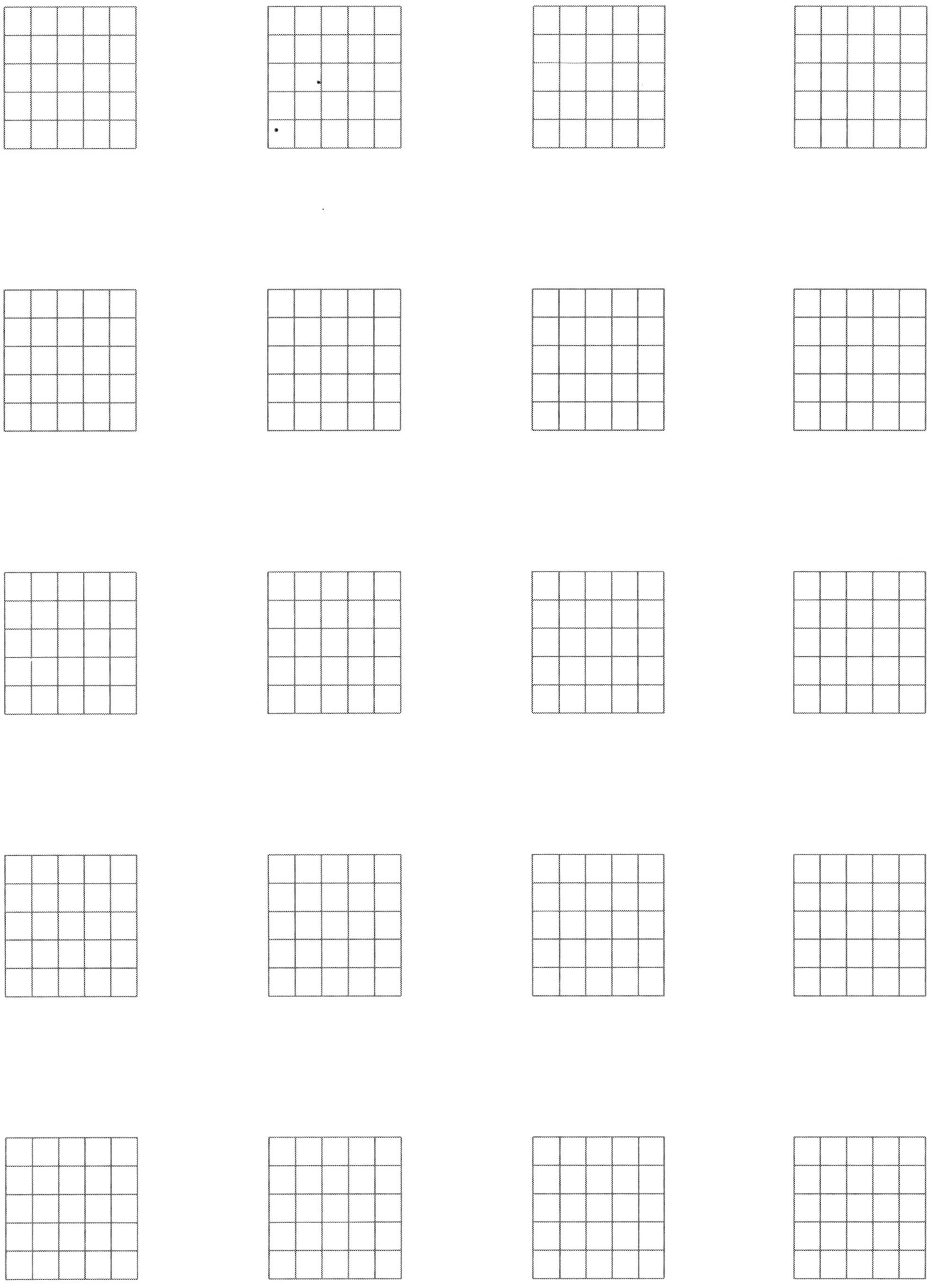

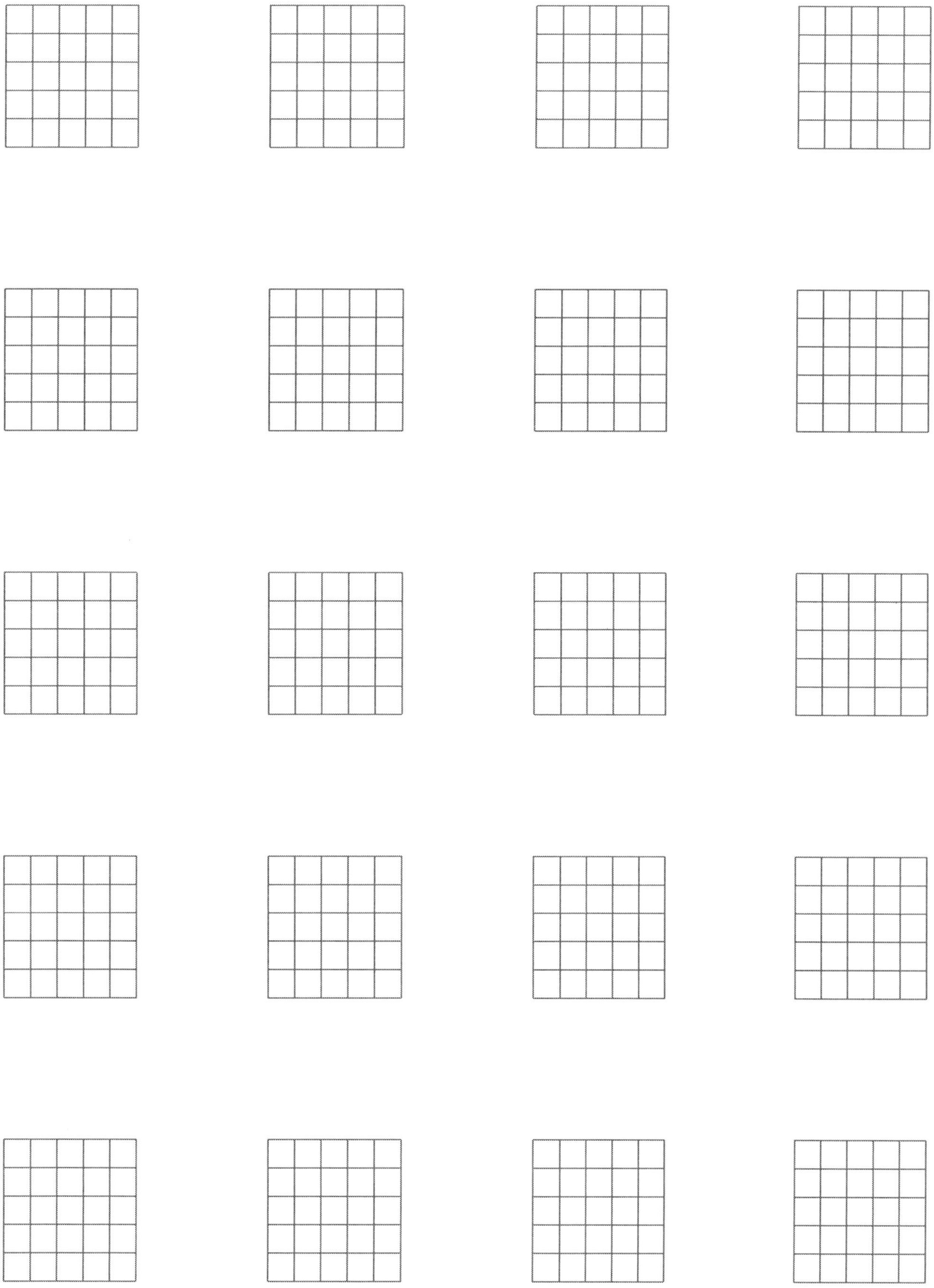

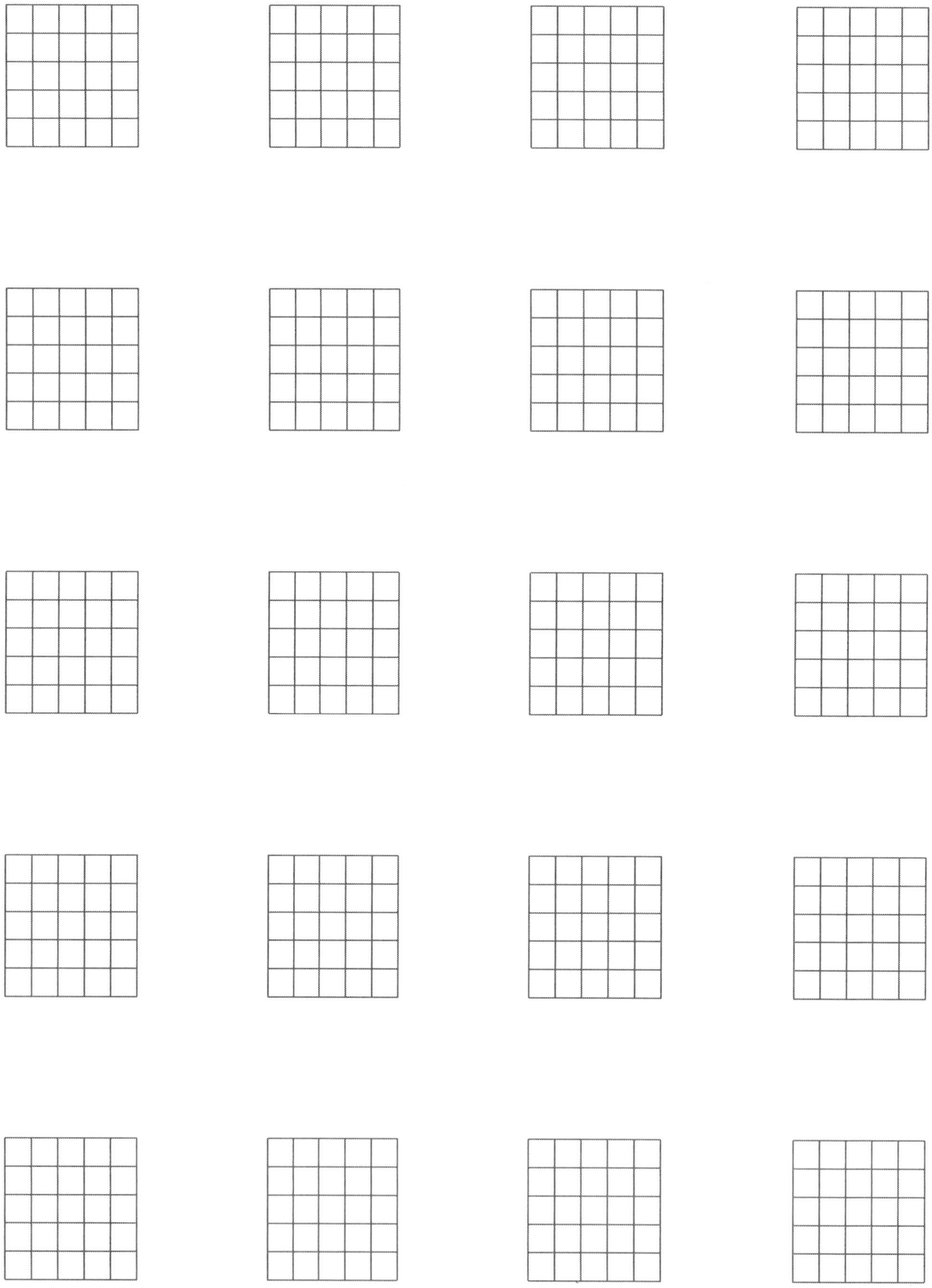

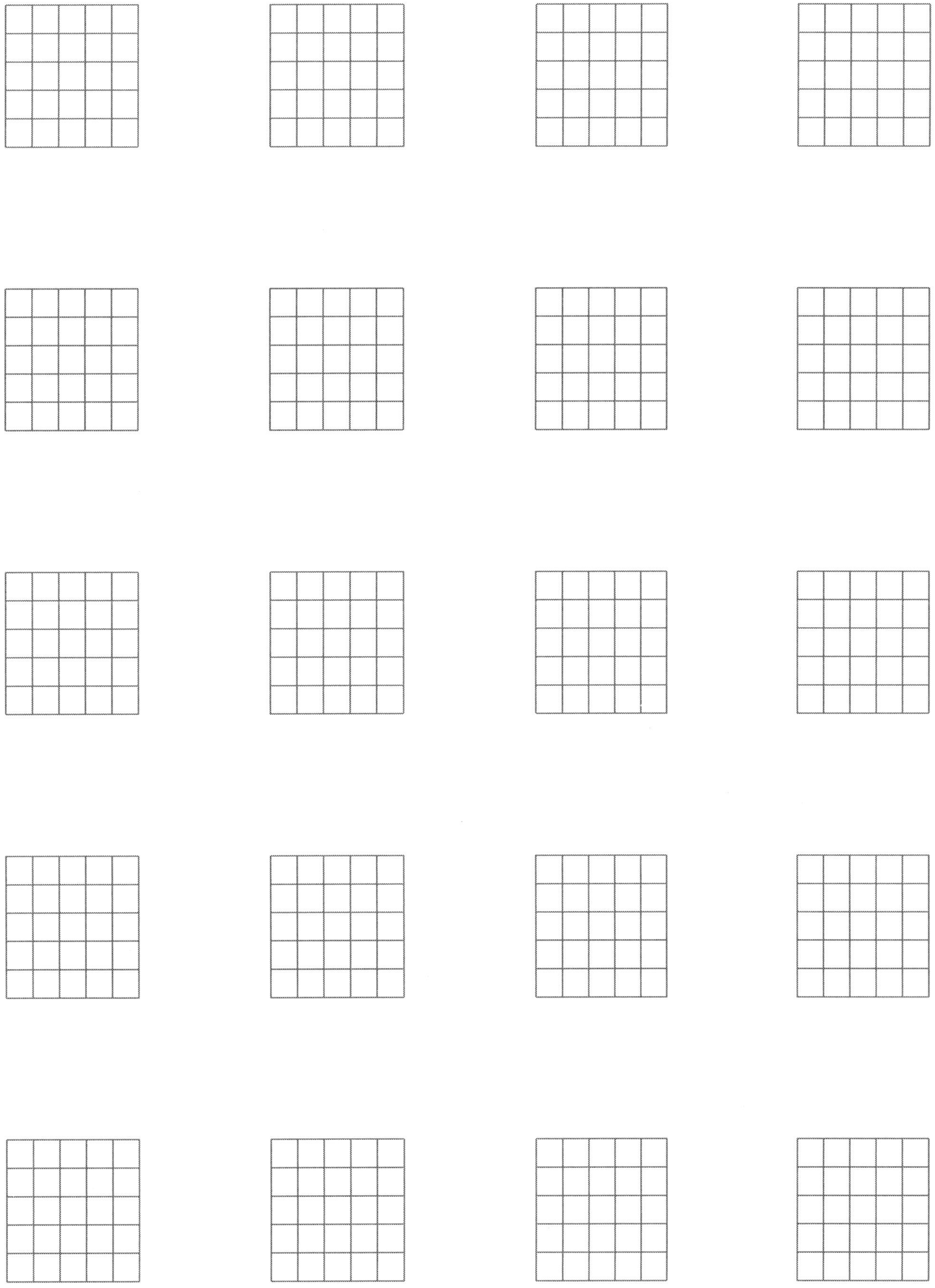

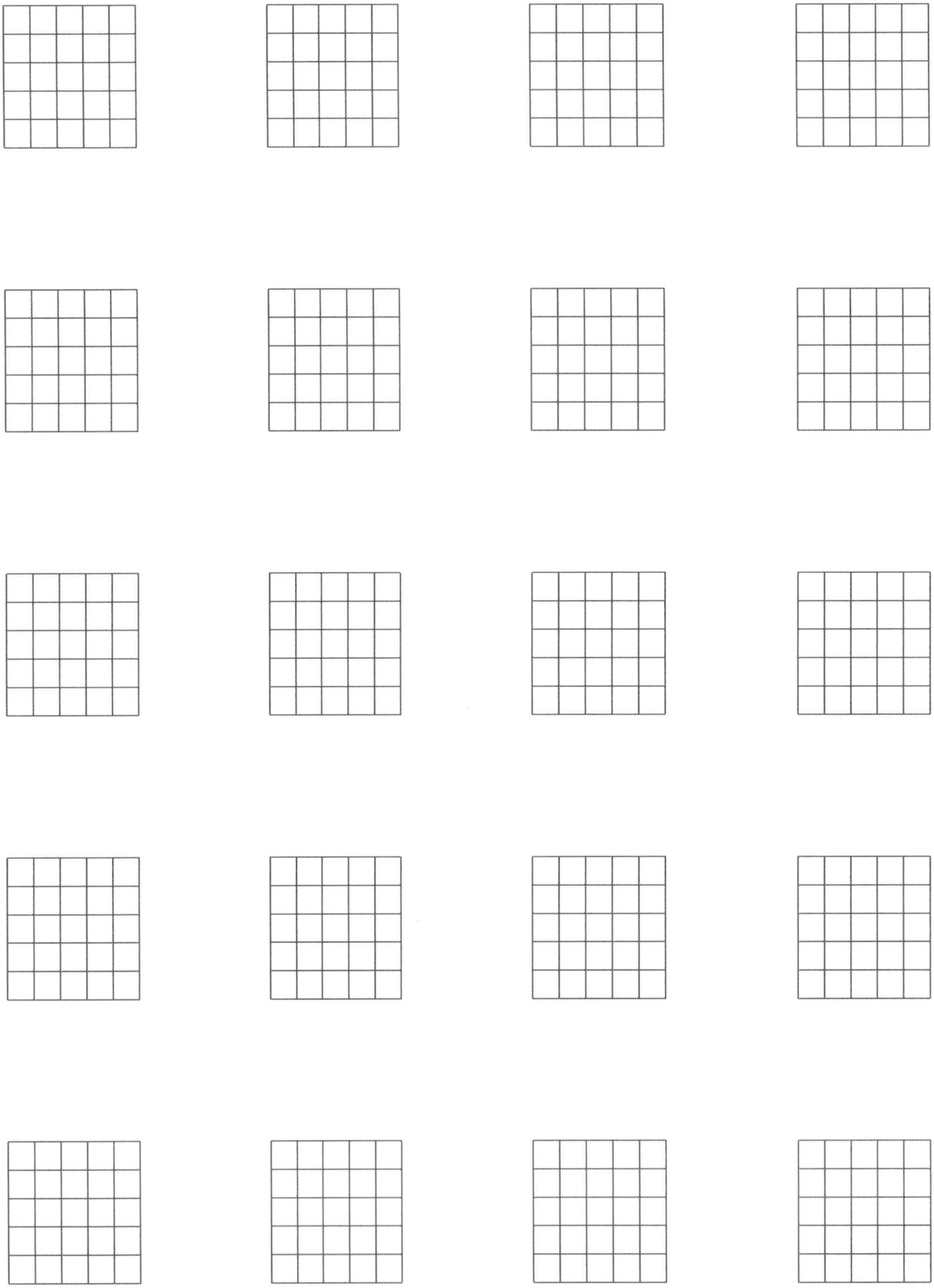

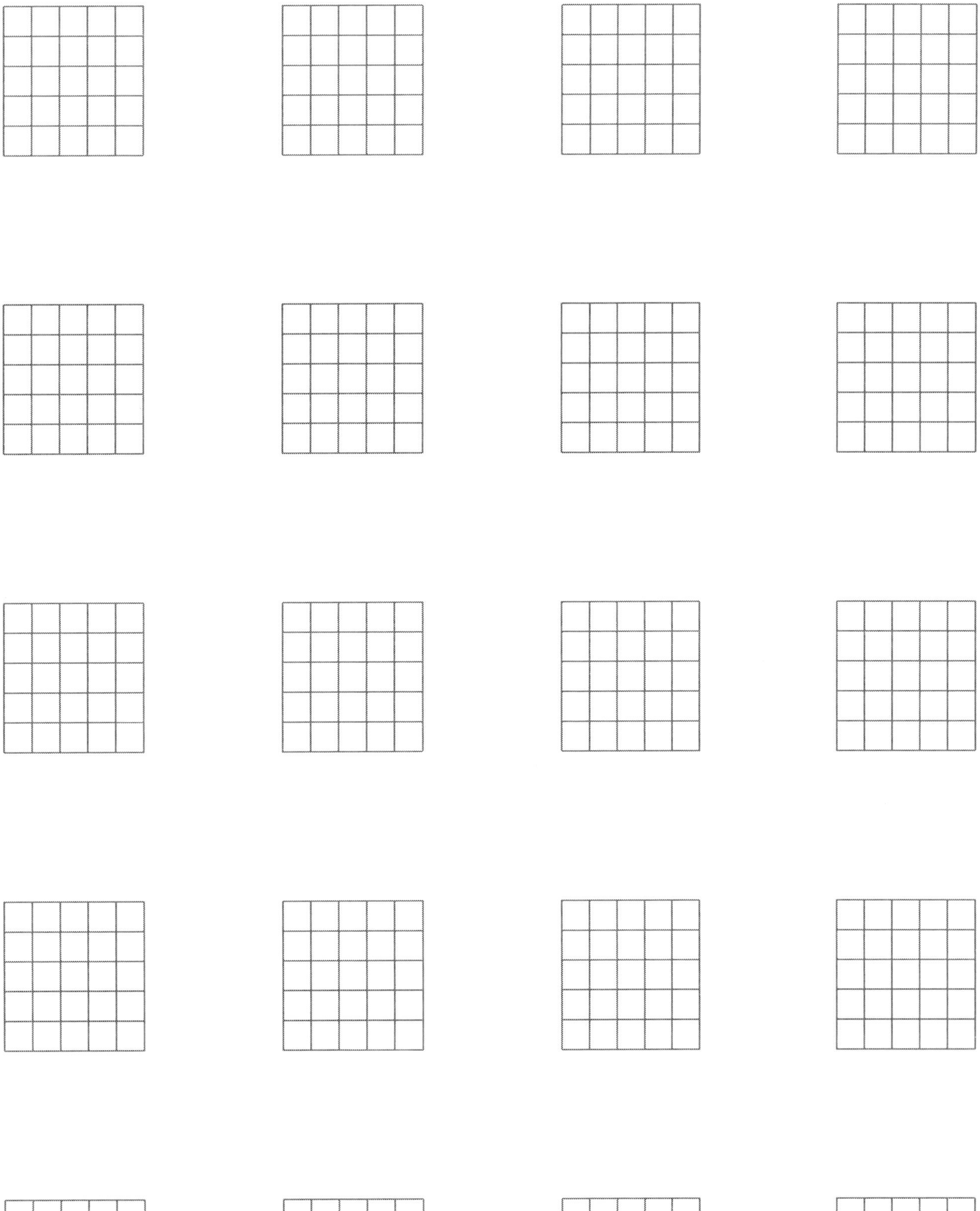

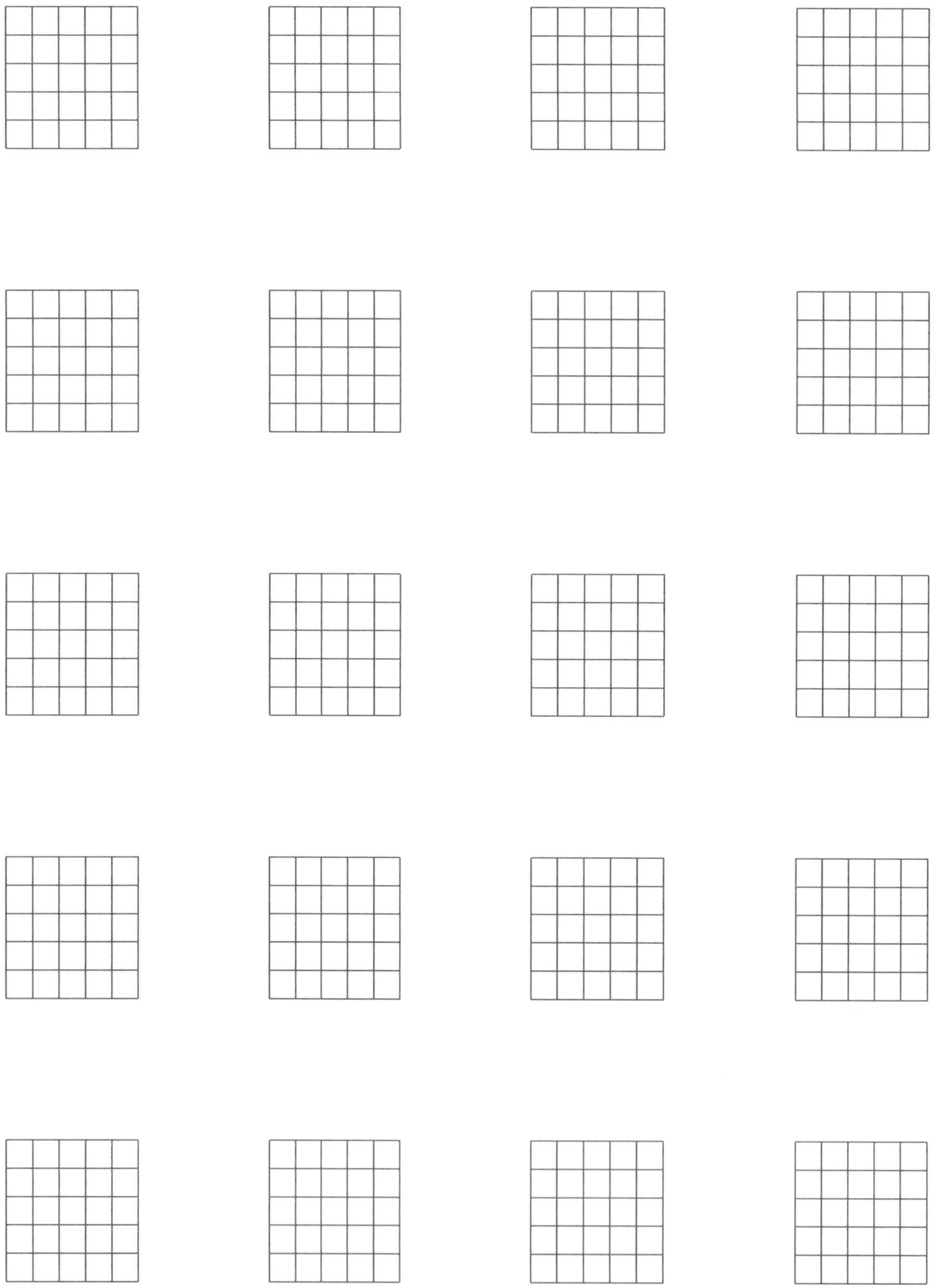

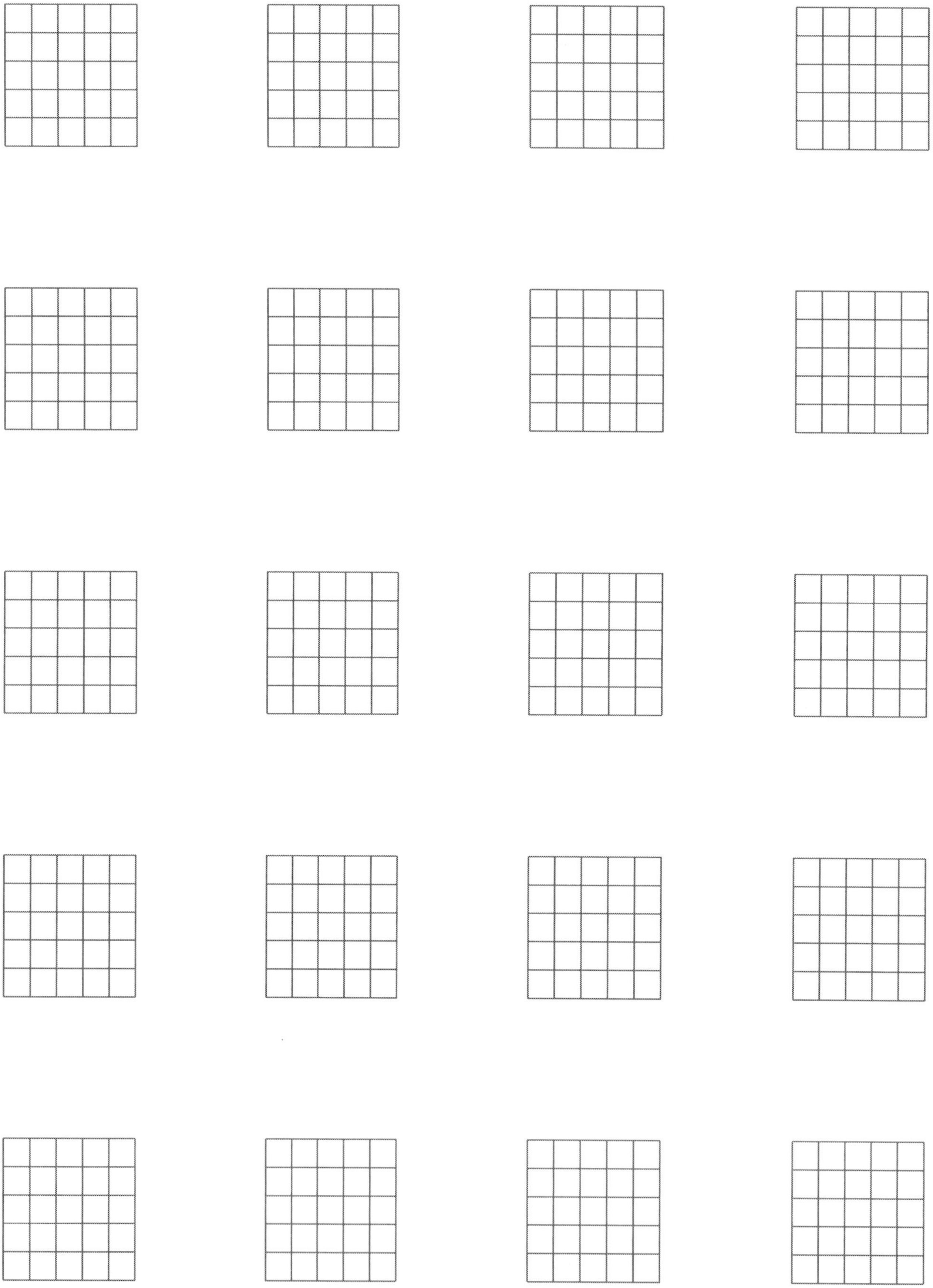

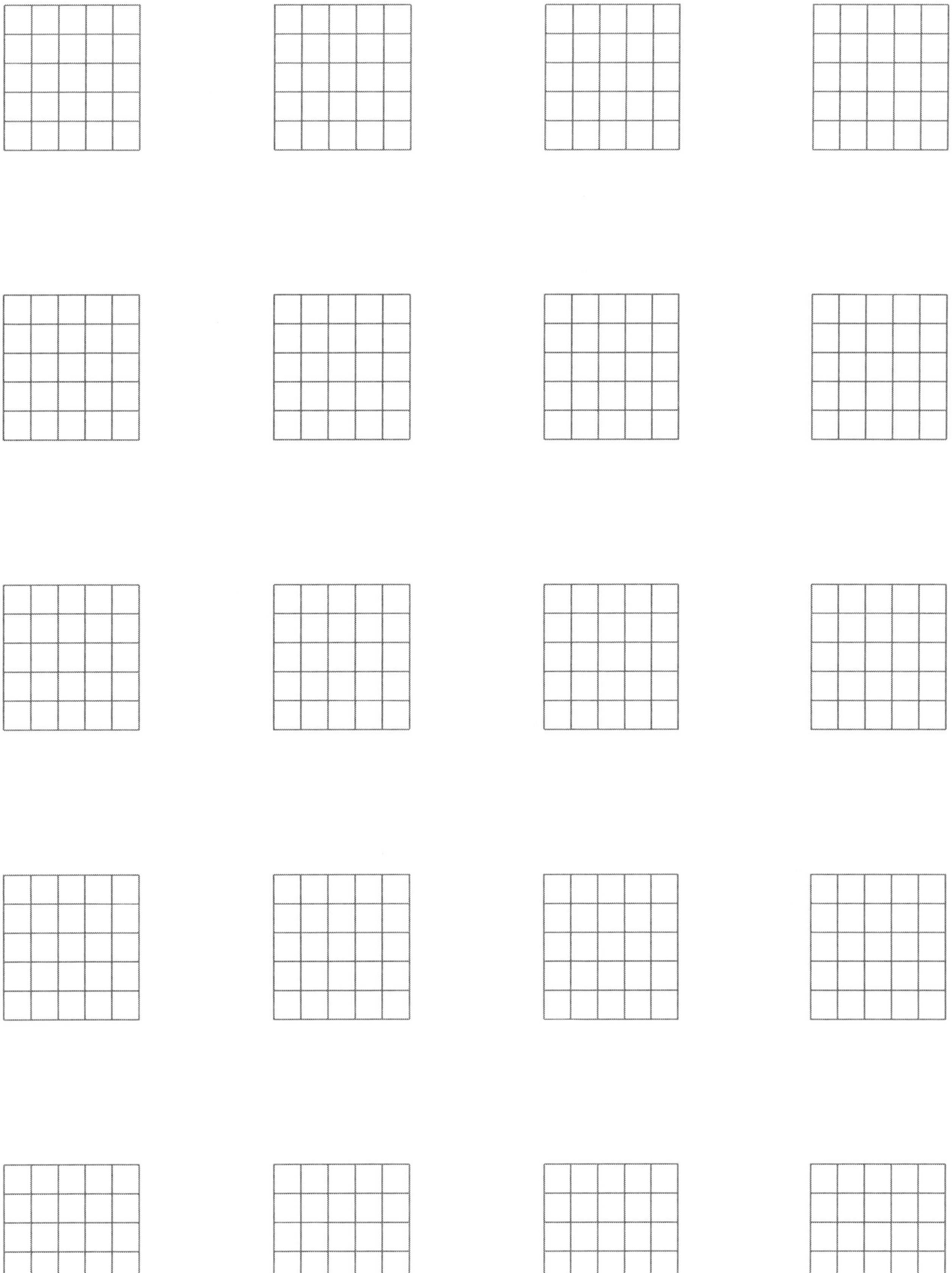

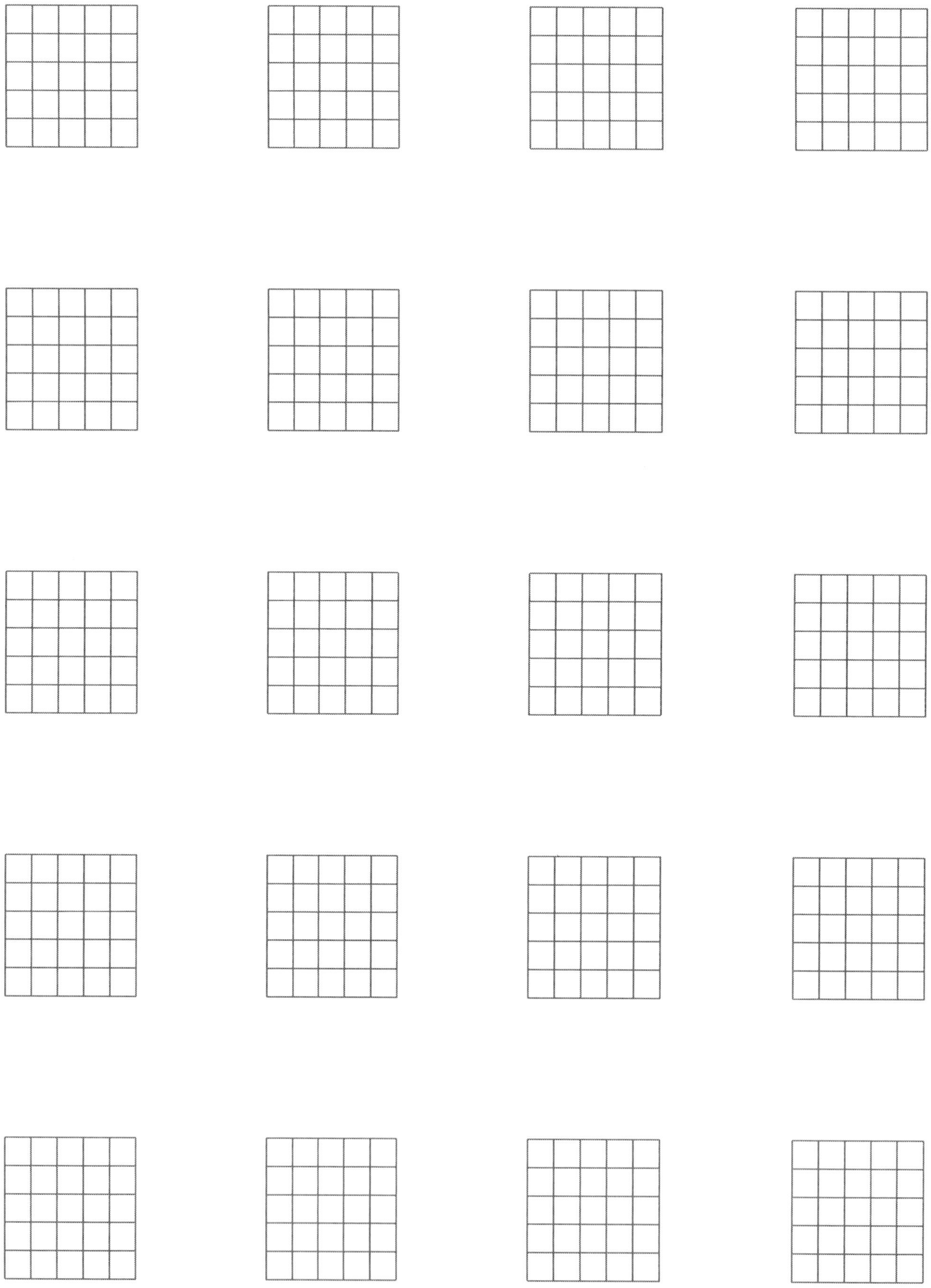

90786231R00062

Made in the USA
Middletown, DE
26 September 2018